Versiones, interpretaciones, creaciones

*Instancias de la traducción literaria
en Hispanoamérica en el siglo veinte*

Frances R. Aparicio

Ediciones Hispamérica

A la memoria de Sunny, 1956-1985

Por todos los que traducen

RECONOCIMIENTOS

El capítulo II, "El ser y el otro: la función epistemológica de la traducción", ha sido reproducido, en parte, en el artículo "Epistemología y traducción en la obra de Octavio Paz", *Hispanic Journal* 8:1 (Fall 1986): 157-167. La mayor parte del último capítulo sobre Cortázar se publicó en los *Anales de Literatura Hispanoamericana*, 16, 1988: 189-203, bajo el título " 'Territorios': una lectura cómplice del arte moderno".

PROLOGO

Al igual que muchos primeros libros, esta obra floreció de una tesis doctoral, proyecto que fue, a su vez, el culminar de varios años de intenso interés por la traducción literaria. Mi primera incursión en dicho campo fue una antología bilingüe de la poesía de Alfonsina Storni que preparé en 1978 en la Universidad de Indiana. Para entonces, la traducción literaria fue para mí una práctica mediante la cual pude reconciliar mis conocimientos iniciales sobre la literatura, y mi joven afán por escribir poesía. Encontré en el proceso de traducir una síntesis feliz entre el rigor crítico y los impulsos creativos. Sin embargo, dentro del mundo académico el tema de la traducción casi siempre ha suscitado reacciones ambivalentes por parte de críticos y profesores. No se le ha considerado ni tema principal, ni válido como objeto de análisis serio. Mientras que en los programas de literatura comparada y de teoría literaria este arte ha tenido gran auge, en el contexto hispanoamericano permanece todavía un campo virgen.

Sin dejar de ser una defensa de la traducción, tanto implícita como explícitamente, nuestro estudio se ha limitado a examinar el desarrollo teórico de este concepto y su praxis, según se plasma en la obra de los autores principales hispanoamericanos de nuestro siglo. Cabría definir estas páginas no por lo que hay en ellas, sino por lo que no pretenden ser: ni un estudio abarcador sobre la traducción en Hispanoamérica, ni panorama, ni historia (tarea que, de hecho, es verdaderamente imperativa y que desafortunadamente todavía no se ha realizado). Aquí hemos seleccionado escritores principales que han desarrollado ideas sobre la traducción literaria y que la han practicado simultáneamente como parte integral de sus evoluciones estéticas. De esta manera, esperamos establecer los nexos íntimos entre teoría y práctica, al igual que sus ineludibles discrepancias. Mi interés central, sin embargo, es demostrar que la traducción no es ejercicio de segundo orden, ni pragmatismo inevitable, ni traición estética al original, sino una actividad primordialmente creadora y, además, crítica. En este sentido, Guillermo Valencia, Octavio Paz, Jorge Luis Borges y Julio Cortázar la han liberado de los viejos mitos. A través de sus comentarios críticos, y de sus propias obras poéticas y literarias, le han devuelto a este arte el valor creativo y la complejidad hermenéutica y fenomenológica que siempre la ha caracterizado. Por dicha razón, las páginas siguientes se pueden definir como una apología de la traducción, aunque esperamos que el análisis teórico que en ellas se presenta vaya más allá de ser mera defensa.

Haciendo eco de las teorías borgesianas sobre la literatura y la traducción, queremos indicar que este libro no es el producto de un sólo autor, sino de un espíritu colectivo. Es resultado del estímulo intelectual provisto tanto por mis lecturas como por la discusión de ideas con varios maestros y críticos a los cuales quiero agradecer su entusiasmo por el tema. En la Universidad de Harvard, Jaime Alazraki y Juan Marichal, lectores de mi tesis doctoral; Richard Sieburth, profesor de francés en New York University, quien me estimuló a leer a los grandes teóricos de la traducción; Eliana Rivero, colega y amiga, lectora del último capítulo sobre Cortázar; y Alicia de Colombí-Monguió, quien leyó todo el manuscrito con el profundo interés y atención al detalle que sólo un verdadero maestro y *scholar* me pudo ofrecer. Además, quiero mencionar la ayuda invaluable de Angela Guerrero, mi asistente de investigación en 1988, quien, en mi lugar, pasó muchas y largas horas en la biblioteca recopilando la información que aparece en el Apéndice. Cabe mencionar mi deuda con George Steiner, y con los autores hispanoamericanos aquí estudiados, quienes dedicaron su pensamiento y su pluma a este arte tan complejo. Finalmente, quiero agradecer el apoyo económico que me ofrecieron la Universidad de Arizona y la Universidad de Michigan, sin el cual la publicación de este libro no hubiera sido posible.

Frances R. Aparicio
1990

INTRODUCCION

"Nada hay más serio que una traducción"
Jacques Derrida

Cuando decimos "traducción", pensamos invariablemente en el proceso de trasladar un texto de una lengua a otra. Sin embargo, en el ámbito de la literatura occidental moderna, dicho término ha dado a entender mucho más. Sus posibilidades semánticas se extienden desde el concepto tradicional interlingüístico – lo que Roman Jakobson denomina "translation proper" – hasta un empleo más refinado del término como fenómeno análogo al acto de la escritura y como metáfora del proceso de significación que acontece en la realidad interna del artista y del lector. En su ensayo "On Linguistic Aspects of Translation", el crítico formalista ya mencionado distingue entre tres tipos de traducción: "intralingual translation", el traducir un texto dentro de una misma lengua, es decir, las explicaciones o comentarios sobre éste; "interlingual translation" o "translation proper", que es la transferencia de un texto a otra lengua; e "intersemiotic translation", el cambio de un sistema de signos a otro tal como, por ejemplo, del sistema pictórico al sistema verbal, o vice-versa.[1] Desde los aportes de los movimientos formalista, fenomenológico, estructuralista y post-estructuralistas, hasta los últimos gritos de la desconstrucción derrideana, el acto de traducir no ha sido invulnerable a las revalorizaciones críticas y categóricas de los conceptos de texto, escritura y lectura. El despliegue semántico del vocablo traducir se origina, en su mayor parte, en las connotaciones ensanchadas del primer tipo jakobsoniano, el "intralingüístico". Lo que previamente se limitaba a designar una transferencia de una lengua a otra, ahora se ha diseminado como metáfora del acto de lectura y escritura en toda su complejidad fenomenológica.

Se ha considerado el traducir, generalmente, como una práctica necesaria, aunque imposible, en su oficio de "copiar" o presentar el mismo mensaje del texto original sin divergencias sustanciales de forma o estilo. Al que traduce se le ha visto como una figura de más bajo

---

[1] Roman Jakobson, "Linguistic Aspects of Translation," *On Translation*, ed. Reuben Brower (Cambridge: Harvard University Press, 1959), p. 233.

rango que el autor, ya que su producto es una mera copia del genio que se expresa en el primer texto. Descrita por Louis Kelly en *The True Interpreter* como una actitud de "postura" ante el texto que encuentra sus orígenes en el historial de las traducciones bíblicas, tal perspectiva implica la inferioridad, servilismo, y esclavitud del traductor ante el original.[2] Asimismo denominada traducción "informativa" –en contraste con la "dinámica"–, este criterio gradualmente cambia a través de la historia literaria.[3] El concepto de "fidelidad" se transforma y se flexibiliza: ya para comienzos del siglo XVII, según Kelly, la fidelidad se extiende más allá de las palabras, y los críticos refinan el concepto de *espíritu* de un texto, sustrayéndole las connotaciones teológicas de la tradición bíblica, la cual supone la autonomía y el valor sagrado de la palabra como el mensaje de Dios o, en el contexto de la literatura laica, de *un* dios, *el* autor.[4]

El predominio vital de la imitación poética durante el Renacimiento europeo constituye la otra cara de la moneda. Esta práctica, que para entonces representaba la libertad creadora, el poetizar, asimismo impregna el siglo decimonono y, en Hispanoamérica, encuentra sus representantes en portavoces del neoclasicismo, como Andrés Bello, y en escritores netamente románticos, como lo fue Gertrudis Gómez de

---

[2] Louis Kelly, *The True Interpreter: A History of Translation Theory and Practice in the West* (New York: St. Martin's Press, 1979), p. 206.

[3] Para una visión histórica de estos cambios en la imagen y papel del traductor, véase Louis Kelly, *The True Interpreter*, en particular el tercer y cuarto capítulo, "Translations and their Functions", y "Approaching the Text". En un aproximamiento menos global, pero mucho más interesante, Theo Hermans traza los cambios en las expectativas e imágenes que se tenían del traductor y de la traducción durante el Renacimiento europeo, y demuestra que de imágenes de fidelidad (seguir las huellas del original), esclavitud, batalla, e inferioridad, prevalentes desde las traducciones de la Biblia y de los Evangelios hasta principios del siglo XVII, la actitud hacia esta práctica gradualmente se transforma en una de equivalencia con el autor, expresada en imágenes de amistad, metempsicosis, y de creatividad, mediante las cuales se definía una traducción como un texto de valor literario autónomo. Véase "Images of Translation: Metaphor and Imagery in the Renaissance Discourse on Translation", *The Manipulation of Literature: Studies in Literary Translation*, ed. Theo Hermans (Croom Helm, Ltd., Australia, 1985), pp. 103-135.

[4] Louis Kelly, en *The True Interpreter*, p. 209, explica la redefinición de "fidelidad", ya no de índole verbal, de ceñirse palabra por palabra al texto, sino una fidelidad hacia el espíritu de la obra. Por lo tanto, "Fidelity, then, was the obligation of deciding what was important, and the choice of how this was to be reproduced or represented in the target text. Much depends on the insight the translator brings to his text, on the balance perceived between meaning, sound and form."

Avellaneda.[5] Veremos más adelante que la imitación poética, que concibe el proceso de traducir como un fenómeno principalmente creativo, desemboca en la figura del poeta-traductor en el siglo XX, con todas sus ramificaciones hermenéuticas y estéticas. La continuidad de la tradición imitativa en la poesía, desde su momento renacentista hasta el presente, se ejemplifica en varias obras. Por ejemplo, las *Imitations* de Robert Lowell, poeta y traductor norteamericano, son herederas de este concepto.[6] Aunque la figura del poeta-traductor no es nada nuevo históricamente, lo que resulta singular en nuestros días es la cantidad exhorbitante de escritores, en Hispanoamérica como en otros países, que se han dedicado a traducir como acto integrado con sus propias creaciones literarias. Además de Guillermo Valencia, Octavio Paz, Jorge Luis Borges y Julio Cortázar, objetos de nuestro estudio, hay que mencionar a Pablo Neruda, quien dedicó sus esfuerzos a la traducción de *Romeo and Juliet* al español, al igual que a la de la obra de poetas soviéticos, checoslovacos e ingleses, entre otros. El poeta-cura Ernesto Cardenal ha publicado traducciones al español de la poesía indígena norteamericana y de los epigramas de Catulo y Marcial.[7]

En los Estados Unidos el poeta-traductor ha sido muy visible, desde el enorme auge que le infundió Ezra Pound hace medio siglo en su interés por la poesía oriental. Robert Bly, Clayton Eshleman, W. S. Merwin, Mark Strand, Eliot Weinberger y Muriel Rukeyser, son sólo algunos de los muchos poetas que han sido ávidos traductores. Jean Garrigue ha denominado este interés por la poesía foránea durante la década de los sesenta en los Estados Unidos como una era de "internacionalismo". En cuanto a los intercambios mutuos entre estos poetas y los hispanoamericanos como Octavio Paz, César Vallejo, Neruda, Nicanor Parra y Borges, entre otros, la traducción ha sido un canal de contacto que ha facilitado lo que ya se está comenzando a forjar como una literatura propiamente "americana".

En Hispanoamérica, un proyecto similar, el de "descubrir América" a través de la literatura y de escritos filosóficos, históricos y sociológicos, había sido el móvil que impulsó la fundación de la revista *Sur* en 1931.

---

[5] Dryden categoriza la transposición de un texto de una lengua a otra bajo tres tipos: "metaphrase (literal transfer), paraphrase (free translation) and imitation, which was making a working of one's own out of the original." Tomado de Louis Kelly, p. 42. Asimismo aparecen resumidas por George Steiner, en *After Babel* (New York: Oxford University Press, 1975), 1977 ed., pp. 254-55, y por Reuben Brower, en *Mirror on Mirror: Translation, Imitation, Parody* (Cambridge: Harvard University Press), 1974, p. 2.

[6] Véase de Robert Lowell, *Imitations* (New York: Farrar, Straus and Giroux, 1959).

[7] Ernesto Cardenal, *Catulo-Marcial en versión de Ernesto Cardenal* (Barcelona, Editorial Laia, 1978).

En el primer número, Victoria Ocampo publica "Carta a Waldo Frank",
escritor y amigo norteamericano, autor de *Virgin Spain* (1926), quien
con Ortega y Gasset había estimulado a Ocampo a fundar la revista. En
dicha carta, la directora reitera la política editorial de *Sur* y la base de
su fundación:

> nuestra América es un país por descubrir y nada nos incita más
> al descubrimiento, nada nos pone más seguramente en el rastro
> de nuestra verdad como la presencia, el interés y la curiosidad,
> las reacciones de nuestros amigos de Europa.[8]

El proyecto cultural americanista e internacionalista de Ocampo, una
respuesta al problema argentino de la época que Mallea discute en
Historia de una pasión argentina (1935), fue inevitablemente acusado de
extranjerista y muy europeizante. Sin embargo, como se expresa en la
cita anterior, la búsqueda de una identidad argentina y americana
continental no puede prescindir de la retroalimentación de los
intelectuales europeos, del diálogo con el Otro. En su biografía de
Victoria Ocampo, Doris Meyer menciona que para 1951, las estadísticas
indicaban que *Sur* había publicado más autores americanos que del
viejo continente.[9]

Sur publica un sinnúmero de ensayos, poemas, y prosa narrativa de
escritores europeos y norteamericanos. Entre ellos, Virginia Woolf,
Franz Kafka, Jean-Paul Sartre, William Faulkner, Langston Hughes,
John Steinbeck, André Gide, Thomas Mann, Vladimir Nabokov, Simone
de Beauvoir, George Orwell, Nathaniel Hawthorne, Rudyard Kipling,
Albert Camus, Bertolt Brecht y Czeslaw Milosz. Encontramos,
asimismo, la filosofía de Mahatma Ghandi, las teorías de Antonio
Gramsci y los escritos de Benedetto Croce. (Para una selección de las
traducciones aparecidas en la revista *Sur*, véase el Apéndice).

Los textos de dichos autores aparecen en español: la poesía se
presenta mayormente en formato bilingüe, mientras que los artículos,
ensayos y prosa narrativa se publican sólo en español. Al considerar la
importancia histórica de dichas contribuciones, podemos concluir que
la revista cumple, pues, esa función que se había impuesto de puente
entre Europa y América, y entre América del Norte y América del Sur.
Las ideas, movimientos literarios, y cuestiones estéticas y filosóficas de
esos años se introducen al lector argentino y latinoamericano,

---

[8] Victoria Ocampo, "Carta a Waldo Frank", *Sur* 1:1 (1931): 7-18.

[9] Doris Meyer, *Victoria Ocampo: Against the Wind and the Tide* (New York: George
Braziller, 1979), p. 116.

haciéndolo partícipe de un diálogo internacional y transatlántico. Además, Ocampo estableció la Editorial Sur, a través de cuya década inicial se publican en español por primera vez obras significativas. Por ejemplo, solamente durante el año de 1938 aparecen publicados *El cuarto propio*, *Orlando*, y *Al faro* de Virginia Woolf; de Emily Bronte, *Cumbres borrascosas*; de Thomas Mann, *Advertencia a Europa*; del Conde de Keyserling, *Del sufrimiento a la plenitud*; y *Las revelaciones de la muerte*, de León Chestov.

Significativo para el estudio de la traducción en Hispanoamérica es el hecho de que la revista *Sur* se tornase en espacio en que muchos escritores argentinos e hispanoamericanos experimentaran con el arte de la traducción. Lo foráneo llega a la Argentina filtrado a través de la sensibilidad lingüística de escritores como la misma Victoria Ocampo, quien traduce la obra de T. E. Lawrence, Albert Camus, Graham Greene y Dylan Thomas, y de Jorge Luis Borges, quien traduce a Virginia Woolf y a Langston Hughes, entre otros. José Bianco, secretario de redacción de la revista por muchos años, tradujo selecciones de T. S. Eliot, Robbe-Grillet, Nathaniel Hawthorne y Camus; Ernesto Sábato traduce a Julien Benda; Eduardo Mallea, a Franz Kafka; Julio Cortázar, a La Rochelle; Alejandra Pizarnik, a Michel Leiris y a Yves Bonnefoy; Alberto Girri, a Rabrindanath Tagore. La revista, entonces, sirvió de plataforma para el desarrollo de dichos escritores, no sólo como traductores de obras extranjeras que informan sus propios escritos, sino como autores-traductores que incursionan en esta práctica como un modo complementario de creación literaria y artística. La fusión del papel del escritor con el del traductor representa un fenómeno vital al desarrollo de la revista *Sur*, como al de cada autor individual, sin dejar de pasar por alto su papel importantísimo en la evolución histórica de nuestra literatura.

La traducción como acto creador de primer orden, como problema literario y praxis estética, es tema central del número que la revista *Sur* dedicara a este proceso bajo el título "Problemas de la traducción" (número 338-339, enero-diciembre 1976). Los artículos que allí aparecen analizan la traducción como un arte, y la relacionan, en definitiva, con la escritura literaria. Hay allí contribuciones de Jorge Luis Borges, José Bianco, Alberto Girri, Victoria Ocampo y Alfonso Reyes, como de Frank Macshane y Robert Payne. El número concluye con el "Manifiesto sobre la traducción" que se redactara por la Comisión de Traducciones del P.E.N. American Center en 1969, documento que revela la necesidad todavía para esa fecha de defender y reivindicar la importancia orgánica del traductor en el desarrollo de cualquier literatura como en el de una visión mundial literaria. A fin de cuentas,

la revista *Sur*, como la *Revista de Occidente* en España fundada por
José Ortega y Gasset, había sido pionera en este contexto: el de
introducir obras literarias de autores foráneos en traducciones al
español filtradas por la sensibilidad estética de los autores hispanos. Lo
que en los Estados Unidos comenzó a cobrar auge en los años 60, ya en
la Argentina se había estado gestando desde el año 1931 en que
Victoria Ocampo publicó el primer número de *Sur*. La aparición del
número "Problemas de la traducción" cuarenta y cinco años más tarde
refleja el creciente interés por la traducción como problema
paraliterario, como práctica estética en que confluyen las dialécticas
centrales de los actos de escritura, lectura y crítica.

No es sorprendente que las varias tendencias en los estudios
teóricos de la traducción correspondan a la doble vertiente de fidelidad
y libertad en la práctica misma. Por un lado, los lingüistas se acercan
a la traducción, ya sea literaria o no, desde una perspectiva
microscópica, analítica, y concentrada en la equivalencia, o falta de ella,
al nivel del "significante". El análisis de Georges Mounin, por ejemplo,
presupone la función informativa y literalista de la traducción.[10] Sin
embargo, el acercamiento hermenéutico representado en su máxima
complejidad por el análisis de George Steiner, y derivado de la práctica
de traducir como proceso poético y creador, es mucho más inclusivo
que su contrapartida lingüística. La hermenéutica hace posible, según
nuestra opinión, abrazar el arte de la traducción en toda su
heterogeneidad genérica y categórica. Esta no sólo explora la
transferencia de un texto de una lengua a otra, sino de igual modo sus
ramificaciones fenomenológicas, epistemológicas y hermenéuticas. Hoy
día, la traducción ya no es solamente un producto, un segundo texto

---

[10] Véase Georges Mounin, *Les problèmes théoriques de la traduction* (París:
Gallimard, 1963). En el segundo capítulo ("Models and Definitions") de su obra ya
citada, Louis Kelly distingue entre la tendencia teórica de los lingüistas y la
hermenéutica; la primera concibe el acto de traducir como un acto de "transmisión"
de estructuras lingüísticas, mientras que los hermeneutas recalcan el aspecto
interpretativo y creador de este proceso. En *The Manipulation of Literature*, p. 10, Theo
Hermans hace una crítica de las variadas teorías de traducción, y encuentra que la
aproximación lingüista "proved too restricted in scope to be of much use to literary
studies generally [...] and unable to deal with the manifold complexities of literary
works, it became obvious that it could not serve as a proper basis for the study of
literary translation either." El autor no ignora, sin embargo, que la lingüística ha
contribuido de manera significativa a nuestros conocimientos del texto literario, opinión
válida y justa. Hermans propone la validez del "poly-system theory", una nueva
aproximación interdisciplinaria que se refleja en los varios artículos de su colección.
Entre los críticos que se identifican con este método, véase el trabajo de J. S. Holmes,
Lambert, van den Broeck, Even-Zohar, Gideon Toury, Susan Bassnett-McGuire, André
Lefevere y Theo Hermans.

derivativo, de valor parasítico. Traducir implica interpretar, crear. Es un proceso análogo al proceso creador e innato a la poetización de la realidad. Es una manera de ver y de leer nuestro mundo. Sirve, pues, como metáfora de la significación y, como tal, representa el proceso, tan importante en la crítica contemporánea, de la lectura como un acto equivalente al de la escritura.

En el contexto hispanoamericano moderno, el arte de traducir se ha caracterizado por semejante pluralidad de funciones. Tres escritores principales, Octavio Paz, Jorge Luis Borges y Julio Cortázar, contribuyen al desarrollo de una poética contemporánea de la traducción. Las ideas de Borges y Paz, expresadas en sus ensayos, se actualizan en sus propias traducciones.[11] Los dos autores exploran el tema, considerándolo de vasta importancia para poder comprender el fenómeno literario y estético en general. Cortázar, en su obra *Territorios*, ilustra la traducción entre las artes, ya definida por Jakobson como "traducción intersemiótica".[12] Esta se concibe como un proceso literario, un fenómeno paralelo y, a la vez, complementario al acto creador, ya que en ella se concentra esencialmente la dialéctica poética: la originalidad y la imitación, la estructura y la libertad, la escritura y la lectura, la unidad y la pluralidad.[13]

---

[11] El discurso paciano sobre la traducción aparece en las siguientes obras: *Los hijos del limo* (Barcelona: Editorial Seix-Barral, 1974), *El signo y el garabato*, 2a ed., (México: Joaquín Mortiz, 1975), *Traducción: literatura y literalidad* (Barcelona: Tusquets Editor, 1971) y sus propias traducciones poéticas en *Versiones y diversiones*, 2a ed. corregida, (México: Joaquín Mortiz, 1978). De Jorge Luis Borges, véase los siguientes ensayos y cuentos: "Pierre Menard, autor del Quijote", en *Ficciones* (Buenos Aires: Emecé, 1956), "Los traductores de las 1001 Noches", *Historia de la eternidad* (Buenos Aires: Emecé, 1953), "Las versiones homéricas" *Discusión* (Buenos Aires: Emecé, 1964). Borges ha traducido, entre otros, a Oscar Wilde, Robert Louis Stevenson, "Dos fábulas", *Vuelta*, 76:7 (Marzo, 1983) pp. 4-5; el *Orlando* de Virginia Woolf (Buenos Aires: Editorial Sudamericana, 1951), *Hojas de hierba* de Walt Whitman (Buenos Aires: Juárez Editor, 1969) y *Las palmeras salvajes* de William Faulkner (1940).

[12] Nuestro análisis se enfocará en *Territorios* (México: Siglo XXI, 1979), la colección de ensayos de Cortázar sobre las artes visuales en Latinoamérica y Europa, como ejemplo de la traducción intersemiótica.

[13] Susan Bassnett-McGuire, en *Translation Studies* (Londres: Methuen, 1980), pp. 26-27, explica el concepto de unidad y pluralidad según se actualiza en la traducción: "It is an established fact in Translation Studies that if a dozen translators tackle the same poem, they will produce a dozen different versions. And yet somewhere in those dozen versions there will be what Popovic calls the 'invariant core' of the original poem. This invariant core, he claims, is represented by stable, basic and constant semantic elements in the text, whose existence can be proved by experimental semantic condensation." Igualmente, Georges Mounin, en *Les problèmes théoriques de la traduction*, p. 279, describe la traducción como un proceso dialéctico en su esencia. George Steiner, en "In a Post-Culture", en *Extra-Territorial* (New York: Atheneum,

Tales visiones contemporáneas no han surgido de la nada.
Representan la máxima consecuencia de una tradición hermenéutica
que se ha opuesto tajantemente a otro historial en Hispanoamérica de
signo negativo. Si, por un lado, reconocemos el valor de traducir como
parte integral del desarrollo estético, cultural y literario de nuestro
continente y de sus autores individuales, hay que confesar que ésta no
ha sido su única faceta en nuestra historia. Desafortunadamente, como
ha ocurrido en otros países y épocas, este arte ha sido víctima de una
mala reputación en Hispanoamérica debido al historial de traducciones
chabacanas que han servido como vehículos de entrada de las literaturas
europea y norteamericana a nuestros países, especialmente durante la
primera mitad del siglo XX.[14] Julio Cortázar, en su ensayo "No hay
peor sordo que el que," denomina el español chabacano e infladamente
retórico de las traducciones "translatese," del cual tiene que sacudirse
el lector hispanoamericano para poder apreciar el lenguaje vivo, fresco
y original de los autores contemporáneos. Cortázar acusa a tales
traducciones como responsables, junto con el sistema pedagógico y
educativo que él experimentó, de la mala literatura que se leía en el
continente antes del "boom" de la novela. Según el escritor argentino,
había muy poca sensibilidad entre los mismos autores, y entre los
lectores, hacia un

> estilo como estructura original en los dos sentidos del término,
> en la que todo impulso y signo de comunicación apunta a las
> potencias extremas, actúa en altitud, latitud y profundidad,
> promueve y conmueve, trastorna y transmuta –una "alchimie
> du verbe" cuyo sentido último está en trascender la operación
> poética para actuar con la misma eficacia alquímica sobre el
> lector.[15]

1971), pp. 163-64, señala dos corrientes en la poesía moderna: la pública o colectiva, y
la intimista o hermética. La traducción, a su vez, representa la síntesis de ambas
tendencias: es individualidad y lenguaje hermético, y también es colectividad y lenguaje
público.

[14] Kornei Chukovsky, en *The Art of Translation: Kornei Chukovsky's "A High Art"*,
editado y traducido por Lauren G. Leighton (Knoxville: The University of Tennessee
Press, 1984), pp. 254-255, describe un fenómeno similar en Rusia a principios del siglo
XIX, al igual que deplora el *status* inferior y secundario del traductor en los Estados
Unidos.

[15] Julio Cortázar, "No hay peor sordo que el que," en *La vuelta al día en ochenta
mundos* (Madrid: Siglo XXI, 1980), Tomo I, p. 154.

El "translatese" consiste, pues, en un español que atiende más a la anécdota de la ficción, que a la originalidad estética y poética del lenguaje en la obra traducida. El resultado fue una falta de sensibilidad en el público lector hispanoamericano hacia la lengua misma; el "empobrecimiento deliberado de la expresión" condujo a la llamada "sordera" hacia el lenguaje. Según Cortázar, no fue hasta 1950 que el público lector empezó a descubrir un lenguaje dinámico y auténticamente poético en las obras de los novelistas latinoamericanos.[16]

Un buen ejemplo del tipo de traducción a la que se refiere Cortázar es la versión al español de *Pride and Prejudice* de Jane Austen, *Orgullo y prejuicio*, que se publicó en 1959 por la Universidad Nacional Autónoma de México (UNAM). Nos sorprende que, hasta una fecha tan relativamente reciente como 1959, todavía se publicaran en Hispanoamérica traducciones muy desafortunadas, aun después de la revolución en la prosa estimulada por Borges y desarrollada por los novelistas del llamado "boom". *Orgullo y prejuicio* sirve meramente un papel informativo, en contraste a la naturaleza expresiva o estética de una traducción cuyo valor poético del lenguaje cobra mayor importancia que el simple narrar de los acontecimientos.[17]

Que el nombre del traductor no se haya identificado en esta edición mexicana de *Pride and Prejudice*, detalle aparentemente insignificante, reafirma la errónea conjetura de que el oficio de traducir es meramente de orden pragmático y de ningún modo creador o literario. Tal invisibilidad delata la falta de expectativas y de criterios literarios que se tiene de los traductores en el mundo hispano. Pero esta actitud no se encuentra de manera exclusiva en nuestros países. Chukovsky, el famoso

---

[16] Julio Cortázar, "No hay peor sordo que el que", pp. 158-59. Asimismo añade que "el translatese" tuvo una "influencia neutralizadora y desvitalizadora...en nuestro sentimiento de la lengua" (p. 151); de ahí el título de este ensayo en el cual critica la "sordera" o falta de sensibilidad hacia el lenguaje mismo en el acto de la lectura que se desarrolló como consecuencia nefasta de las malas traducciones al español.

[17] Jaime Alazraki, colaborador del artículo de Andrew Wright, "Jane Austen Abroad" en *Jane Austen: Bicentennary Essays*, ed. John Halperin (Cambridge: Cambridge University Press, 1975), p. 305, explica el efecto negativo de esta traducción en particular: "What is left is a hasty translation devoid of any effort to cast in a different language some of the major features which underline Jane Austen's art. If one of the greatest achievements of *Pride and Prejudice* is characterization by means of dialogue, inflection of voice, and in general handling of language, a translation such as the one offered to the Mexican reader blurs the characters to disfiguration. Of those 'euphonic, rhythmic, chromatic, sculptural and structural stimuli' which bring writing to the status of literature, very little has been preserved, thus reducing the value of the translation to its 'informative function'."

traductor ruso del siglo XX, describe la situación de cierto "translatese" en Rusia, aunque cuarenta años antes:

> Beginning in the twenties of the nineteenth century, the business of translation came under the proprietorship of journals whose editors believed they had a right to mangle translations anyway they wished. [...] It was they who worked out the drab translation jargon that was the curse of our literature of the seventies, eighties, and nineties. The specialty of these journal translators was that the authors they translated came out looking just alike, Flaubert resembling Spielhagen, and Maupassant, Bret Harte. They took note of neither style nor rhythm, and translated only the story, without the least concern for the original author's personality.[18]

En estos casos la traducción es resultado de una serie de factores económicos y editoriales que no tienen nada que ver con criterios literarios y artísticos. En cuanto a *Orgullo y prejuicio*, el papel del traductor que podríamos llamar secretarial, que lo limita a dictar un libro en un segundo lenguaje, ha llevado la obra de Austen a graves consecuencias. El texto en español carece del valor literario intrínseco de la novela inglesa; más aún, aparece repleto de interpretaciones erróneas, de un vocabulario ya caduco o inadecuado para el público lector a quien se dirige, y de cambios u omisiones innecesarias que le restan el valor artístico del original.[19]

Sería injusto, pues, trazar el estado chabacano de traducciones en Hispanoamérica a la tradición "informativa" o literal de la cual ya hemos hablado. Si es verdad que, según ésta, la fidelidad al original es de mayor importancia, la actitud fiel – o simbólica según la teoría de información de Karl Bühler– se justifica en cuanto a la naturaleza sagrada del texto (en el caso de la Biblia y de la literatura religiosa), y en cuanto al desarrollo mismo de la postura de "servilidad" o de

---

[18] Kornei Chukovsky, *A High Art*, pp. 254-255. El traductor y crítico ruso añade que esta triste situación de traducciones chabacanas mejoró después de la Revolución, cuando aparecieron editoriales, como la World Literature Publishing House dirigida por Gorky, las cuales proveyeron al público lector traducciones literarias de alta calidad a la vez que elevaron el nivel de este arte y prepararon a una nueva generación de traductores en la Unión Soviética.

[19] Jaime Alazraki, "Jane Austen Abroad", p. 305, presenta una lista de errores en la traducción de *Pride and Prejudice*, incluyendo, por ejemplo, omisiones de ciertas "nuances" en el lenguaje, en el uso de las personas y de los pronombres, errores de traducción y de interpretación, y el uso incorrecto de tiempos verbales.

"deuda" del traductor *vis à vis* el original.[20] Aun en las traducciones de documentos políticos importantes en el contexto sociohistórico de Hispanoamérica, como lo fue la reescritura al español del *Contrato social* de Rousseau por Mariano Moreno en el desarrollo del movimiento de independencia en la Argentina, tal literalidad encuentra su razón de ser en la historia. Lo mismo se podría aplicar al ambiente didáctico de la literatura neoclásica, cuyos objetivos obedecían a un rigor verbal como moral. En cambio, la traducción fallida de *Pride and Prejudice*, como los efectos nocivos del "translatese" en nuestros países hispanoamericanos, se originó en la ignorancia por parte de las editoriales y, mayormente, en sus móviles lucrativos y económicos.

Ha sido imprescindible establecer tal divergencia sobre las traducciones chabacanas en Hispanoamérica ya que, hasta cierto punto, esa realidad de signo negativo ha corroído la visión que todavía tienen los lectores, críticos y hasta algunos autores sobre este arte tan complejo. "La traducción es una necesidad pragmática, pero a la vez es una tarea imposible"; "el traductor es invariablemente un traidor"; y "la traducción como un producto literario es inferior a su original", son tres mitos que, aunque encuentran su génesis en una realidad complejísima pero fascinante – que es la dialéctica misma de la traducción como proceso–, han teñido nuestra actitud hacia este acto literario y, en consecuencia, se le ha ignorado totalmente como objeto válido de análisis. A este vacío teórico en el campo de la crítica literaria hispanoamericana se dirige nuestro estudio. No nos interesa únicamente establecer una defensa tardía de la traducción – aunque reconocemos que en muchos círculos literarios en los Estados Unidos como en los países hispanos es todavía imperativo–, sino más que nada integrar las contribuciones teóricas más recientes de la hermenéutica de la traducción con las teorías y praxis de los autores hispanoamericanos, quienes no han desarrollado sus ideas de forma aislada. La continuidad de pensamiento que encontramos entre las teorías fenomenológicas y hermenéuticas sobre la traducción de George Steiner, Walter Benjamin

---

[20] Louis Kelly, en *The True Interpreter*, p. 68, presenta tres tipos de traducción basados en las categorías funcionales del lenguaje como intercambios de información según han sido establecidas por Karl Buhler: " 'symbol', object-centred, representational, intentional, referential'; 'symptom', self-expression, source-centred, the subjective element'; and 'signal', persuasion, recipient-centred, impressive, an appeal, a summons'." Kelly aclara que "These functions are rarely separated one from the other; one senses the functions of an utterance and reacts according to the balance perceived between them." Sin embargo, Kelly utiliza estas tres categorías como paradigmas generales para discutir las varias funciones de la traducción a través de la historia literaria occidental.

y Jacques Derrida entre otros, y la obra de Octavio Paz, Jorge Luis Borges y Julio Cortázar, ilustran la universalidad que caracteriza las poéticas de la traducción de estos autores contemporáneos.

Nuestro objetivo, pues, no es examinar la traducción como un canal de influencia literaria, sino como un proceso autónomo y creador que surge en la época contemporánea debido a los cambios mismos que han afectado nuestra actitud hacia la literatura *per se*. Por un lado, la influencia de los formalistas y del movimiento estructuralista ha sido responsable de redefinir el poema como "lenguaje", es decir, como la creación de una forma lingüística más que de un tema. Debido a este nuevo énfasis, el acto de traducir se ha considerado paralelo al acto poético, como literatura en vez de ciencia.[21]

Las redefiniciones de los conceptos de autoría y originalidad durante el siglo XX son de suma importancia al revalorizar la traducción como proceso más que como producto. A diferencia del valor romántico de "genio" y de "originalidad" e individualidad del autor, la literatura contemporánea ha evolucionado bajo el signo de lo colectivo. Desde el movimiento surrealista se comenzó a subrayar, la autenticidad del inconsciente como impulso del acto creador. Asmismo, las implicaciones políticas y revolucionarias de este movimiento dieron lugar a la abolición del objeto de arte como propiedad privada y lo quisieron devolver al nivel de arte comunal y universal. Las teorías de Jorge Luis Borges, aunque de base diferente a la de los surrealistas, reafirman la condición de palimpsesto del texto literario frente a la tradición literaria anterior. Su ensayística y ficción están fundadas en la falacia de la originalidad literaria que, irónicamente, ha sido uno de los conceptos más dinámicos (por no decir originales) de nuestro siglo.

Paz comparte con Borges esta visión de la literatura colectiva. Su autoría en la escritura colectiva del poema *Renga*, junto con tres poetas de otras lenguas y naciones, encarna o actualiza esta idea. En *Solo a dos voces*, una entrevista con Julián Ríos, el autor mexicano ha expresado interés en repetir esta experiencia políglota, colectiva y multitemporal con poetas de las Américas; un norteamericano, un hispanoamericano, un brasileño y un poeta del Caribe francófono. Cuatro lenguas en un poema que sería, a su vez, un objeto de síntesis

---

[21] George Steiner, en "Linguistics and Poetics", *Extra-Territorial*, describe la aproximación del movimiento formalista en que se considera al poema ante todo como lenguaje. Tal visión, que representa un cambio del concepto de los siglos XVIII y XIX de la literatura como mensaje y moraleja, explica el que la traducción se considere literatura ya que es un acto lingüístico-creador. También véase Georges Mounin, *Les problèmes théoriques de la traduction*, cuya aproximación teórica a este arte parte de los últimos desarrollos de la lingüística moderna y de la semiótica.

ideal y una visión de la unidad utópica de las Américas en cuanto a su literatura se refiere.[22]

Debido a este cambio, iniciado por la herencia simbolista y desarrollado a su máximo por el surrealismo, ni los críticos ni los autores piensan en términos de influencia, sino de afinidades. "Influir" es un término que denota una relación de poder, de dominio y de sumisión: una persona, el objeto, es influida por otra, el sujeto. Hoy en día encontramos que este concepto no se puede aplicar tan claramente a los continuos intercambios que existen entre los escritores de diversos países y lenguas. El progreso de la tecnología y del transporte, el ritmo acelerado en la publicación y distribución de libros, y la cantidad exhorbitante de conferencias y simposios, son sólo algunos de los numerosos factores que han aligerado la lectura mutua y el contacto entre escritores de diferentes nacionalidades. No hay más que mencionar el precipitado ritmo con que, por ejemplo, se traducen al inglés y aparecen en el mercado las novelas de Carlos Fuentes, para darnos cuenta de que estamos frente a un fenómeno muy diferente a la difusión literaria de épocas anteriores.[23]

Tomando en cuenta las connotaciones ampliadas de los conceptos de texto, autoría y originalidad, nos acercamos a la traducción literaria en Hispanoamérica en sus diversas categorías y funciones. La imitación poética del siglo XIX, de largo historial clásico, ilustra la función imitativa de la traducción en cuanto a la necesidad de los escritores de la época de "poetizar", utilizando como punto de partida los modelos extranjeros que a su vez les ayudaran a forjar una literatura propiamente americana. Durante el modernismo, la traducción funcionó como un camino alterno hacia la creación poética y como una

---

[22] Octavio Paz, Jacques Roubaud, Edoardo Sanguineti y Charles Tomlinson, *Renga* (México: Joaquín Mortiz, 1972). Los nexos entre el surrealismo y la colectividad de la literatura se reafirman en la dedicatoria de este texto a André Breton, padre del surrealismo francés. Véase también de Octavio Paz y Julián Ríos, *Solo a dos voces* (Barcelona: Editorial Lumen, 1973), sin paginar.

[23] Héctor Campos y Sara Castro-Klarén, "Traducciones, tirajes, ventas y estrellas: el 'Boom' ", en *Ideologies and Literature*, 4:17 (sept-oct. 1983): 319-338: "Si se comparan las fechas de publicación de los textos originales tanto en el caso de Fuentes como en el de Cortázar con las respectivas traducciones al inglés (después de 1973), no puede dejar de notarse la velocidad con que aparecen las traducciones. En el caso de Fuentes [...] sabemos que en los últimos años (desde *Terra Nostra*), él va entregando el manuscrito en español a su agente de Nueva York cuando ya está casi por terminar. Esto quiere decir que el traductor trabaja en la versión inglesa casi simultáneamente a la escritura original." (p. 322) Aunque en el ensayo no se analiza específicamente el fenómeno de la traducción, sí se ilustra su creciente importancia como vehículo de difusión de las novelas latinoamericanas.

oportunidad de experimentar con nuevas formas expresivas y rítmicas en la poesía. En la literatura contemporánea, los ensayos de Octavio Paz, al igual que sus traducciones poéticas, explican e ilustran la función creadora de este acto literario. Para el poeta mexicano, traducir es un proceso a través del cual se reconcilia la dialéctica básica del acto poético: el ser y el otro, la unidad y la pluralidad. Igualmente se le concibe como acto de significación y, por lo tanto, posee consecuencias epistemológicas paralelas al acto de la lectura. En *Territorios*, Julio Cortázar equipara traducir con el proceso de significación que ocurre al contemplar las artes visuales y el baile. En la ensayística y narrativa de Jorge Luis Borges, se vislumbra principalmente como un acto hermenéutico. Viene a ser un puente esencial en la continuidad de la literatura, ya que representa la lectura y reinterpretación de textos anteriores y de ideas previas. Tal concepto borgesiano se integra a su respectiva actitud panteísta ante la literatura y el mundo. En este contexto, traducir es un acto en el que se encarna tanto la lectura como la crítica.

Lo contemporáneo de las ideas sobre la traducción de Paz y, en particular de Borges, se nos revela con más relieve y fuerza a la luz de la reciente aproximación desconstruccionista a la literatura. La función hermenéutica del proceso de la traducción y su valor como metáfora de los actos de escritura y de lectura, representan extensiones semánticas de su definición intralingüística. Ya Paul de Man ha observado que "translation is per definition intra-linguistic, not a relation between a subject and an object... but between one linguistic function and another" o, como reafirma Cynthia Chase, traducir es "to repeat...with a difference".[24] Según Derrida en su ensayo "Des Tours de Babel", en el cual hace una lectura desconstructiva del mito bíblico y del ensayo de Walter Benjamin, "The Task of the Translator", la base del concepto desconstruccionista de *différance* es la multiplicidad de lenguas y de significados que constituyen la materia primas para la creación poética

---

[24] Cynthia Chase, en "Paragon, Parergon: Baudelaire Translates Rousseau", *Difference in Translation*, ed. Joseph F. Graham (Ithaca, New York: Cornell University Press, 1985), pp. 63-80, analiza el ensayo "Morale du joujou" (1853) como una traducción metafórica del "Neuvième Promenade" de *Rêveries du promeneur solitaire*, en el cual Rousseau glorifica el placer moral de dar regalos a los niños. El ensayo de Baudelaire, a su vez, se repite en su poema en prosa, "Le joujou du pauvre", de *Le Spleen de Paris* (1862). Según Chase, la traducción de Rousseau por Baudelaire es comparable a la operación de prótesis, en la cual se insertan órganos artificiales a un cuerpo u organismo para cubrir una deficiencia. La traducción "abusiva", en la cual el traductor añade elementos lingüísticos y semánticos en ciertos lugares del segundo texto para compensar por la imposibilidad de traducir todos los elementos del primer texto, es otra definición de esta práctica que utilizaremos más adelante.

y literaria al igual que para la traducción. Derrida, en este sentido, le asigna un valor positivo y glorifica lo que antes se consideraba lo negativo de esta tarea, su propia condición *a priori* de imposibilidad debido a la discrepancia semántica que existe entre los significantes de los diversos lenguajes y los significados que los traductores proponen (o proponían) mantener. De hecho, los críticos desconstruccionistas utilizan el paradigma de la traducción para poner a prueba de fuego las nociones de significado ("meaning") y de diferencia, conscientes, a su vez, de que esta prueba es tan vulnerable a ser equívoca como cualquier interpretación literaria de otro orden.[25] Los desconstruccionistas se regodean en la paradoja esencial de este arte, en su necesidad imperiosa y en su imposibilidad, ya que ésta actualiza el concepto de diferencia en su forma más compleja.

Antes que Derrida, ya Borges había intuido el valor de lo diferencial y la condición de complemento que se establece entre un primer texto y el segundo, ya sea una traducción intralingüística o entre dos lenguas. Cuando en su ensayo "Las versiones homéricas" el autor argentino describió las traducciones de Homero como "diversas perspectivas de un hecho móvil", estaba anticipando lo que los desconstruccionistas, entre otras cosas, reafirman hoy: la interrelación complementaria entre textos y entre lenguas:

> Translation is directed in principle to the expression of the innermost relation among languages, and the consequent relations of a translation to an original is complementary in nature. [...] The same complementarity applies to individual languages as well.[26]

Cabe añadir que Derrida, y algunos críticos desconstruccionistas, estiran y extienden estos conceptos de complemento y diferencia hasta su máximo potencial. Derrida va más allá de Borges en su discusión radicalizadora del concepto de original, afirmando que si acaso hay adeudamiento en una traducción, la deuda la tiene el autor del primer texto con sus traductores eventuales, en vez del traductor con el autor.[27]

---

[25] Joseph F. Graham, "Introduction", *Difference in Translation*, p. 18.

[26] Graham, pp. 24-25.

[27] Jacques Derrida, "Des Tours de Babel", *Difference in Translation*, p. 227-8: "Car si la structure de l'original est marquée par l'exigence d'être traduit, c'est qu'en faisant la loi l'original commence par s'endetter aussi à l'égard du traducteur. L'original est le premier débiteur, le premier demandeur, il commence par manquer et par pleurer après la traduction."

Es inevitable que un texto, después de haber sido traducido una o varias veces, se lea desde una perspectiva diferencial en tanto y en cuanto sus traducciones hayan propuesto elementos semánticos ausentes en éste. La lectura del texto, pues, en términos metafóricos, se formula como una conjunción de las varias "lecturas" *a posteriori* que representan sus traducciones. Para resumir, los desconstruccionistas han encontrado en la traducción un proceso literario y lingüístico que contiene en su dualidad insoluble misma y en su condición de imposibilidad, la semilla, el conflicto insuperable de las "diferencias semánticas" que caracterizan la literatura y hacia la cual la crítica reciente se ha dirigido.

Por nuestra parte, queremos tomar como punto de partida el concepto de "diferencia" y aplicarlo además a un contexto mayor que el de las poéticas individuales de los autores seleccionados para este estudio. El análisis sistemático de la traducción literaria puede ofrecernos una perspectiva complementaria a las diversas visiones que se han postulado sobre la historia literaria en Hispanoamérica. Las funciones particulares que el arte de la traducción cobra durante una época corresponden a las necesidades literarias y estéticas de ese momento histórico. En el caso del modernismo, por ejemplo, la práctica de la traducción esclarece las preocupaciones estéticas y estilísticas del fin de siglo. El estudio de este arte, entonces, puede representar una nueva óptica, una aproximación complementaria, hacia la literatura. Mediante el análisis de las varias teorías de la traducción, y de su práctica en Hispanoamérica, se podrían entender con mayor profundidad los cambios esenciales en la dirección estética de nuestra literatura.

La traducción ha llegado a realizar una tarea imprescindible en nuestro desarrollo literario. Al igual que la cultura de la cual surge, la literatura hispanoamericana se ha caracterizado principalmente por una continua búsqueda de sí misma a través del conocimiento y de la imitación de modelos extranjeros. En el caso de los escritores estudiados aquí, podemos concluir que la traducción se ha concebido y realizado como un acto literario en que se reconcilia esa necesidad de ser original mediante el encuentro con un otro. Si los escritores, históricamente, han tratado de buscar modelos en las literaturas española, francesa, europea y norteamericana, para poder establecer su propia originalidad, la traducción ha alcanzado a representar un acto sintético en que se pueden fundir ambos objetivos. La búsqueda del ser mediante el acercamiento al otro se ha llevado a cabo con éxito gracias a este ejercicio poético y literario. Para muchos escritores, el traducir representa un acto de unión entre las tendencias opuestas de originalidad e imitación, de unidad y pluralidad, de individualismo y colectividad. Es la alternativa literaria de poder ser universal sin tener que dejar de ser hispanoamericano. La visión contemporánea de la traducción como un fenómeno móvil, como un proceso en el cual florecen las diferencias —lo individual de cada autor o traductor, de la lengua original y de la lengua meta, de las culturas representadas por cada lengua, y lo particular de cada texto como una lectura diferente de la realidad—, facilita el análisis de esta práctica literaria desde una perspectiva menos autoritaria, evaluativa, y menos condescendiente de lo que se ha visto hasta ahora. Asimismo, nos ofrece una visión "diferencial" de la obra de nuestros propios autores en su papel complementario como traductores.

La traducción ha servido como uno de los medios principales accesibles al escritor hispanoamericano colonial, modernista, moderno y contemporáneo, de encontrar su propio lenguaje y de reafirmar sus ideas sobre el fenómeno creativo. Si, por un lado, refleja las ideas poéticas de cada autor, y ha valido como una posible respuesta al problema central de su auto-definición como escritores y, más aún, como escritores hispanoamericanos, ellos, a su vez, han elevado el arte de la traducción en nuestros países a un nivel de creación literaria.

CAPITULO I

De imitaciones a versiones
La traducción durante el Modernismo

El acto de traducir se puede proponer en Hispanoamérica como metáfora de la búsqueda de una literatura nacional, mediante la cual los autores leen y transforman los textos extranjeros en sus propias creaciones literarias, bajo cada una de sus improntas singulares. Así, la literatura colonial se desarrolla en forma dialéctica, tanto de aceptación como rechazo, ante la literatura española y europea. Basta mencionar un ejemplo clave de un autor hispanoamericano en esta época que ilustra, en su praxis como traductor, la apropiación de textos europeos como elemento medular en su quehacer estético y en la gradual definición de su personalidad literaria. De gran resonancia cultural es la figura del Inca Garcilaso de la Vega, y su traducción al español de los *Diálogos de amor* (1590) del italiano León Hebreo.[28]

La crítica se ha asomado a los *Diálogos* como ejercicio y preparación para lo que será la obra literaria original del Inca, sus *Comentarios reales* más que nada. Sin embargo, el estudio de Susana Jákfalvi-Leiva contribuye al análisis de esta traducción de Garcilaso desde una perspectiva transcultural. La traducción al español de León Hebreo "inaugura [...] la inclusión del mundo indígena dentro del espacio cultural europeo", es decir, reafirma la presencia histórica del indio a la vez que representa un intento de recuperación de esa identidad perdida. Para el Inca Garcilaso, el acto de traducir, análogo al de la escritura, es un modo de reconciliar las dualidades biculturales de su identidad, el indio y el español dentro de sí mismo. Según Leiva, la traducción de León Hebreo representa un abrirse las puertas hacia el ámbito cultural español, su aceptación como hombre renacentista y

---

[28] El Inca Garcilaso de la Vega, Trad., *Diálogos de amor* de León Hebreo, en *Obras completas del Inca Garcilaso de la Vega*, Biblioteca de Autores Españoles, ed. P. Carmelo Sáenz de Santa María (Madrid: Ediciones Atlas, 1960), 132: 3-227.

culto por el sistema jerárquico social de España.[29] El mestizaje del Inca Garcilaso, el de su sangre como el de su lenguaje, estilo e ideas, refleja el macrocosmos de las relaciones entre Hispanoamérica y España en los inicios de una nueva literatura nacional, que para entonces era un *corpus* mediatizado a través de la visión eurocéntrica, una traducción y lectura de los modelos del Renacimiento y del Barroco. Que sí reflejan las obras de la época ese mirar "colonial" hacia la península y hacia Europa, no hay por qué negarlo. Hasta en el caso de un español trasterrado al Perú, Diego Dávalos y Figueroa, se vislumbra en su poesía de la *Miscelánea Austral* la sed de reconocimiento, la necesidad de parecer "culto"; si se experimenta este fenómeno de manera "endémica" en Italia y España, "¿cómo no habrían de intensificarse estos sentimientos cuando se vivía en las Indias, sintiéndose exilado de la tierra nativa y de los centros culturales de Occidente?" Según Alicia de Colombí-Monguió, a quien acabamos de citar, la asimilación de los modelos de Equícola y Rinaldi, para Dávalos, fue su modo de incorporarse "a sí mismo como ciudadano de la única patria que ya podía tener".[30] Cabe añadir que el grado de fidelidad a los modelos correspondía al grado de cultura que el autor intentaba exhibir. Hay que reconocer, pues, que sin la traducción de la literatura europea en un ámbito nuevo, el americano, no podríamos hablar hoy de una literatura hispanoamericana. La nutrición maternal es inevitable, necesaria, hasta que la criatura esté preparada para lograr la ruptura con la madre, la individualización de su ser. En dicho contexto histórico, la traducción literaria –en toda su práctica heterogénea– asume un valor único como un nuevo modo posible de aproximarnos a nuestra literatura colonial.

De manera similar tendríamos que acercarnos a la época de la independencia en nuestro continente. En el desarrollo de los movimientos independentistas a principios del siglo XIX en la Argentina, Mariano Moreno encuentra en el *Contrato social* de Juan Jacobo Rousseau la médula de su ideología social y política, seminal en

---

[29] Susana Jákfalvi-Leiva, *Traducción, escritura y violencia colonizadora: un estudio de la obra del Inca Garcilaso* (Syracuse, NY: Maxwell School of Citizenship and Public Affairs, 1984). Este libro representa un aporte esencial al estudio de la traducción en el ámbito hispanoamericano ya que analiza la obra mestiza del Inca como metáfora de esa compleja visión hispanoamericana del mundo o del Otro que caracteriza nuestra historia cultural. El arte de traducir, dentro de la obra del Inca, adquiere valor central como símbolo de tal complejidad ontológica, lingüística y cultural.

[30] Véase el excelente estudio de Alicia de Colombí-Monguió, *Petrarquismo peruano: Diego Dávalos y Figueroa y la poesía de la "Miscelánea Austral"*. (Londres: Támesis Books, 1985) p. 111.

la efervescencia de la revolución del 25 de mayo.[31] Su reescritura de este texto en español, entre otros de Rousseau y de los revolucionarios franceses que estaban censurados en la América hispana, informa los cambios políticos e ideológicos que dan lugar a la independencia de los países hispanoamericanos. Aunque debido a circunstancias desfavorables y de censura el *Contrato social* en español no se publicó ni diseminó en su totalidad, no debemos menospreciar la importancia de esta obra en el desarrollo ideológico de su traductor, Mariano Moreno, y del ámbito argentino.[32] En este caso, el acto de traducir resulta de una lectura personal, y culmina en lo que será una interpretación colectiva, política e ideológica del pensador francés que ayudó a esparcir la simiente revolucionaria en la Argentina de 1810. De nuevo, quiero insistir en la posibilidade de reflexionar sobre el proceso histórico-literario en Hispanoamérica como algo que se constituye en parte por la suma de estos esfuerzos individuales de traducción. En nuestro continente este ejercicio no ha sido un gesto o rutina meramente literaria, sino un acto consciente y concientizador de repercusiones políticas, ideológicas, culturales y lingüísticas.

La búsqueda de un lenguaje y estilo propio no comienza ni termina en la independencia política del siglo diecinueve. De hecho, a partir de las independencias Hispanoamérica retoma una búsqueda de lo propio, pero esta vez no en España, sino en Francia, Oriente, los Estados Unidos, en el pasado remoto medieval y clásico, en las lenguas exóticas y europeas, y en los diversos sistemas artísticos como la escultura, la pintura y la música. La búsqueda de modelos políticos y sociales en Francia, y en los Estados Unidos a partir de comienzos de siglo,

---

[31] Véase el prólogo de Mariano Moreno a su traducción al español del *Contrat Social* de Juan Jacobo Rousseau, reproducido en *Mariano Moreno 1778-1978* (Buenos Aires: Banco de Boston, 1978), pp. 28-30.

[32] Boleslao Lewin, en *Mariano Moreno: su ideología y su pasión* (Buenos Aires: Ediciones Libera, 1971), p. 110, explica la supresión del último capítulo del *Contrato social*, de índole religiosa, "por graves razones políticas y no de convicción". El mismo Moreno había enmascarado tal ausencia en la naturaleza superflua de la religión y en la urgencia de publicar lo relacionado con las ideas políticas, para luego terminar gradualmente la obra: "Como el autor tuvo la desgracia de deslizar en materias religiosas, suprimo el capítulo y principales pasajes, donde ha tratado de ellas. He anticipado la publicación de la mitad del libro porque precisamente la escasez de la imprenta a una lentitud irremediable, podrá instruirse el pueblo en los preceptos de la parte publicada, entre tanto que se trabaja la impresión de lo que resta". Cabe añadir que, a pesar de la censura inquisitorial, a Rousseau se le leyó en Hispanoamérica hasta en el campo naciente de la economía. Véase el caso de Fray Diego Padilla en Bogotá como posible traductor del *Tratado de economía política* de Rousseau, según lo discute Oreste Popescu en *Un tratado de economía política en Santafé de Bogotá en 1810: el enigma de Fray Diego Padilla* (Bogotá, 1968).

acompañan otra indagación, la de modelos literarios y poéticos en el
París de *fin de siècle*, el de Baudelaire, Verlaine, del esteticismo
simbolista y parnasiano que sirve de paradigma estético a nuestros
poetas modernistas. El modernismo es la época de máxima apropiación
del otro, del mundo −el sincretismo− y en consecuencia, desemboca en
un nuevo lenguaje poético propiamente americano, liberado de las
cadenas de la caduca retórica peninsular. Como tal, necesita de la
traducción literaria para canalizar los experimentos estilísticos y esa
apertura al otro. El momento histórico modernista representa la cima
colectiva de esas exploraciones e intentos de definición del ser
hispanoamericano mediante el otro, Europa, los Estados Unidos y el
mundo.

En su búsqueda por un lenguaje y estilo propios, los escritores
modernistas asumieron una actitud sincrética ante la literatura;
percibieron y descubrieron nuevos modos de sensibilidad artística en la
producción estética de otros países y épocas. Este sincretismo (que
alcanza un nivel filosófico en la obra de Darío, por ejemplo) sólo pudo
lograrse mediante el conocimiento de otras lenguas. Puesto que París
era el centro del arte y de la cultura de esa época, casi todos ellos
conocían muy bien la lengua francesa y absorbieron no sólo la literatura
francesa sino también otros textos exóticos a través de sus respectivas
traducciones al francés. Nuestros poetas, pues, se empaparon de otras
maneras de escribir, de otras perspectivas y sensibilidades, para poder
crear la suya propia. Debido a esto, Darío y los modernistas lograron
aumentar las posibilidades del español de la época. Introdujeron nuevos
patrones de rima; aumentaron el vocabulario poético con neologismos,
galicismos y anglicismos; descubrieron el ritmo como la esencia
filosófica y estructural de la poesía (lo que Darío llamó "la música de
la idea"); y establecieron innovaciones en cuanto al sistema silábico y
prosódico del verso hispano.[33]

Debido a la revolución poética que representó el modernismo, la
práctiva de la traducción −en particular la de poesía− ejerció funciones
cada vez más importantes dentro del desarrollo de una literatura y una
sensibilidad poética. Algunos poetas asimilaron otras obras no sólo
mediante sus lecturas, sino también como traductores de ellas. Rubén
Darío, Julián del Casal, José Asunción Silva, Gutiérrez Nájera y José
Martí son algunas de las figuras centrales que traducen la obra de

---

[33] Para un resumen esclarecedor de las innovaciones poéticas y estilísticas del
modernismo en la literatura hispanoamericana, véase Octavio Paz, "El caracol y la
sirena", *Cuadrivio* 3era ed., (México: Joaquín Mortiz, 1972), pp. 11-65; véanse en
particular, pp. 25-28.

Víctor Hugo al español. Asimismo, las obras de Gautier, Coppée, Heredia, Catulle Mendés, Mallarmé y otros poetas franceses de fin de siglo aparecen vertidas al español por estos mismos autores.[34] No es sorprendente, pues, que la traducción haya tomado vuelo como proceso esencial en el desarrollo de esta época literaria.

A diferencia de las traducciones hechas por poetas menores o por traductores profesionales, aquellas realizadas por los poetas principales modernistas cobran una importancia singular. Las de Pérez Bonalde de Poe y de Heine, por ejemplo, y las de Berisso de Eugenio de Castro, son esenciales a la formación del espíritu modernista. Ellas introdujeron tales figuras literarias al campo cultural hispanoamericano. Por el contrario, es curioso que una buena parte de las traducciones hechas por los poetas mismos no dejaran tantas huellas temáticas en sus respectivas obras. Sus lecturas fueron suficiente motivación para que los poetas hispanoamericanos trasladaran los temas europeos de fin de siglo a sus propias obras poéticas. Max Henríquez Ureña señala que de todas las traducciones hechas por Gutiérrez Nájera de Coppée, Hugo, Mendés y Musset, sólo se encuentran huellas de una sensibilidad mussetiana en la obra del poeta mexicano.[35] Tal fenómeno no es de extrañar si tenemos en cuenta que la traducción vino a representar algo único para el poeta modernista: la oportunidad de experimentar con la música del español, con las posibilidades expresivas del lenguaje poético que estaban tratando de forjar. No se interesaron tanto en traducir con el

---

[34] Max Henríquez Ureña, en *Breve historia del modernismo* (México: Fondo de Cultura Económica, 1954), recalca la importancia de las traducciones poéticas en la formación de este periodo. Véase "Ojeada de conjunto", pp. 9-32, y los capítulos dedicados a cada poeta en particular. En el capítulo sobre Darío, Henríquez Ureña menciona la influencia de Francisco Gavidia, traductor de Hugo y políglota, la que facilitó en Darío la construcción del alejandrino (p. 88). También Julián del Casal tradujo a Gautier, Heredia, Hugo y Louis Bouilhet, traducciones que aparecen en *Hojas al viento*, 1890 (pp. 117-18). Silva tradujo a Béranger, Hugo y a Maurice de Guérin, aunque su poesía exhibe más influencia de los poetas españoles (p. 140). La mayoría de estos poetas tradujeron a los franceses durante las etapas tempranas de su desarrollo poético.

[35] Max Henríquez Ureña, *Breve historia del modernismo*, p. 70. Con estas afirmaciones no queremos negar o disminuir la vasta influencia que tuvieron las traducciones y lecturas de los franceses en los poetas modernistas. Mencionamos el caso de Gutiérrez Nájera pues es el que mejor ilustra este fenómeno de traducciones que dejan muy pocas huellas temáticas en la obra del poeta-traductor. Henríquez Ureña menciona su traducción "Versos de oro" de François Coppée que "mejora el original", como la de "A une femme" de Louis Bouilhet, titulada "Para un menú" que igualmente supera el modelo (p. 70). No creemos necesario estudiar en detalle estos textos, sino mencionarlos como ejemplos de las trayectorias creadoras que estaba tomando la traducción para estos años.

objetivo de diseminar el esteticismo francés del parnasianismo y de los
simbolistas —el cual ya se respiraba en el ambiente de la época— sino
más bien con miras a ejercer los nuevos ritmos que descubrían en la
lengua española. En este sentido, las traducciones hechas por los poetas
modernistas representan una continuación del concepto clásico de
"imitación poética", ya que reflejan este arte como un acto de libertad
transformadora y creativa.

Durante la época modernista, el concepto de "versión" comenzó a
aparecer con más frecuencia que el de "imitación", ahora de signo
negativo cargado de los rezagos postrománticos de falta de originalidad.
El cambio no fue arbitrario. A raíz de las prioridades románticas de
originalidad, genio e individualismo, el concepto de "imitación poética",
de valor polisémico en el discurso clásico, adquiere connotaciones
negativas. Si, por un lado, muchos escritores como Bello, Avellaneda y
Heredia continúan con éxito en el siglo diecinueve el ejercicio de la
imitatio como práctica transformadora, por otro, ya el término en sí,
imitación, ha adquirido connotaciones peyorativas.[36] Como resultado, el
concepto de la imitación no transformadora aparece cada vez con más
frecuencia en el metalenguaje de la traducción, especialmente para los
años finiseculares. Las dos acepciones del concepto de imitar, una
positiva, transformadora, creadora, y otra que señala la copia vacua o
estéril de un modelo, impregnan, hasta hoy día, las discusiones estéticas
sobre el acto de traducir y sobre el acto creador. Al visitar España en
1846, Sarmiento dijo a los españoles: "ustedes no tienen hoy autores ni
escritores ni cosa que lo valga... ustedes aquí y nosotros allá
traducimos".[37] En estas líneas, traducir equivale al concepto de imitación
desdichada que luego utilizará Octavio Paz en *Los hijos del limo* al
explicar la problemática literaria durante el siglo XVIII español:

---

[36] Para un estudio de las varias categorías de la imitación durante el Renacimiento,
véase de Alicia de Colombí-Monguió, "Teoría y práctica de la imitación renacentista:
de Fray Luis a Lope de Vega", *Actas del octavo congreso de la Asociación Internacional
de Hispanistas*, ed. A. David Kossoff (Madrid: Ediciones Istmo, 1986): 323-331. Richard
McKeon, en su capítulo "Imitation and Poetry" en *Thought, Action and Passion*
(Chicago: The University of Chicago Press, 1954), p. 184, resume varias de las
acepciones del concepto 'imitación' en el siglo diecinueve: "some dialecticians of the
19th century call the creative process 'imitation', some contrast it to 'imitation'; some
operational critics call the creative use of literary models 'imitation'; some contrast it to
imitative processes bordering on plagiarism..." Estas son algunas de las innumerables
variaciones semánticas del término que todavía se cristalizan en la crítica literaria
moderna.

[37] Sarmiento citado por Octavio Paz, *Los hijos del limo* (Barcelona: Editorial
Seix-Barral, 1974), pp. 115-116.

Agotadas sus reservas, los españoles no podían escoger otra vía que la imitación. La historia de cada literatura y de cada arte, la historia de cada cultura puede dividirse entre imitaciones afortunadas e imitaciones desdichadas. Las primeras son fecundas: cambian al que imita y cambian a aquello que se imita. Las segundas son estériles. La imitación española del siglo XVIII pertenece a la segunda clase.[38]

El ámbito hispanoamericano, según Paz, "no era menos, sino más desolador que el de España: los españoles imitaban a los franceses y los hispanoamericanos a los españoles." Aquí Paz critica la dependencia literaria, la falta de originalidad de los autores hispanoamericanos al referirse a sus obras como traducciones de traducciones. Hija del romanticismo, la "imitación desdichada" se ha empleado en la crítica y en el ensayo para reafirmar la naturaleza derivada de la literatura, la falta de la llamada "originalidad", y la ausencia de lo nuevo. No cabe duda que este fenómeno corresponde, en lo literario, a la dependencia cultural y socioeconómica que Latinoamérica vivía en relación con Europa. Sin embargo, no nos interesa adentrarnos en el concepto de "imitación desdichada", sino en su opuesto.

La imitación afortunada, o transformadora, se mantiene vigente durante el siglo XIX, como ilustran Bello, Avellaneda y Heredia, entre otros. Andrés Bello imita, a modo de ejemplo, las odas de Horacio y Víctor Hugo; Gómez de Avellaneda a Lord Byron y Hugo. Esencial distinción es la que establece la poeta cubana en cuanto a los tres tipos de traducción que ella practica: la traducción, la traducción libre, y la imitación.[39] Estas reflejan, respectivamente, desde la más posible fidelidad, hasta el acto de libertad transformadora que caracteriza la tradición renacentista de la *imitatio*. Bajo el sello romántico, Avellaneda participa de la noción general del traducir como un arte en que se enriquece la lengua materna con la presencia subyacente del lenguaje

---

[38] Octavio Paz, *Los hijos del limo*, pp. 115-116.

[39] Un ejemplo de una imitación lograda por Avellaneda es el poema "Conserva tu risa", *Obras literarias* (Madrid: Imprenta de Rivadeneyra, 1869), tomo primero, pp. 202-203. El original que funciona como subtexto es "To Inez", poema de Lord Byron incluido en *Childe Harold's Pilgrimage*, en *The Works of Lord Byron* (New York: Gilley, 1820), 1: 46-48. El texto categorizado como traducción libre es "La tumba y la rosa", *Obras literarias*, p. 92, basado en un poema sin título de Víctor Hugo que comienza "La tombe dit à la rose:...", en *Oeuvres Complètes de Victor Hugo* (París: Editions Recontre, 1968), 18: p. 301. Como ejemplo de "traducción", un texto más literalmente atado al subtexto del cual surge, es "El poeta" de Avellaneda, *Obras literarias*, pp. 60-63; véase de Víctor Hugo "Le Poëte", *Oeuvres Complètes*, 17: pp. 155-157.

desde el cual se traduce. Dicha función nacionalista, expresada además por los románticos alemanes y por Víctor Hugo, es imprescindible en el desarrollo de la literatura hispanoamericana. Lo singular en nuestro continente es que los resultados de la actitud romántica hacia la traducción son visibles no tanto durante el siglo diecinueve, sino en el modernismo, época durante la cual este arte adquiere una vigencia sincrética, en particular a nivel lingüístico. No hay más que mencionar, por ejemplo, la traducción de "Les djinns" de Víctor Hugo que hace Avellaneda. En "Los duendes", la poeta cubana tantea con los experimentos polimétricos que caracterizarán su famoso texto "Noche de insomnio y el alba" el cual, a su vez, anticipa las análogas experimentaciones de los modernistas.[40] La innovación de los metros en el texto francés invita al poeta-traductor a hacer lo mismo en su propio idioma; estos intentos, en su colectividad, dan lugar al desarrollo métrico del español en la poesía hispanoamericana moderna.

En sus ensayos, Manuel Gutiérrez Nájera acusa a los escritores latinoamericanos de falta de originalidad y de imitar excesivamente a otros autores. En "El cruzamiento en la literatura", el poeta mexicano distingue entre la imitación servil y la asimilación saludable de otros poetas:

No quiero que imiten los poetas españoles; sí quiero que conozcan modelos extranjeros; que adapten al castizo estilos ajenos; que revivan viejas bellezas, siempre jóvenes; en resumen, que su poesía se vigorice por el cruzamiento.[41]

---

[40] Véase "Los duendes", en *Obras literarias*, 1: pp. 42-46. El original aparece en Víctor Hugo, *Oeuvres Complètes*, 17: pp. 377-380. El poema de Hugo fue asimismo imitado por Andrés Bello, "Los duendes", en *Poesías* (Madrid: Imprenta de Pérez Dubrull, 1882), pp. 137-149. En una nota al calce Bello insiste en la libertad que se ha tomado con el poema y menciona los tres elementos que ha derivado del modelo francés: "La idea general, algunos pensamientos, y el progresivo ascenso y descenso del metro, es todo lo que se ha tomado del original." (p. 137) Hay que añadir que este fenómeno de nutrición lingüística ocurre no sólo en la práctica: en un contexto filosófico encontramos esta idea romántica en la famosa tesis de Walter Benjamin en "The Task of the Translator", *Illuminations* (New York: Schocken Books, 1969), pp. 69-82. Según el pensador alemán, el logro transcendental de la traducción sería el de expresar "the central reciprocal relationship between languages. It cannot possibly reveal or establish this hidden relationship itself; but it can represent it by realizing it in embryonic or intensive form." Por eso, el traducir representa "pure language", ya que es un acto de reconciliar dos lenguajes o más.

[41] Manuel Gutiérrez Nájera, "El cruzamiento en la literatura", *Crítica literaria*, Vol. 1 de *Obras* (México: Universidad Nacional Autónoma de México, 1959), pp. 103-104. En su ensayo "El arte y el materialismo", que aparece en el volumen citado, pp. 53-63, Nájera refuta la idea de que los escritores americanos imiten el movimiento realista

Gutiérrez Nájera aboga, pues, por la lectura y asimilación de textos
foráneos, proceso inicial necesario para que cualquier poeta pueda
desarrollar su propio estilo. La mirada ya no va hacia España, sino a lo
"extranjero". Gutiérrez Nájera reafirma la importancia de vastas
lecturas y de una actitud cosmopolita en el escritor: "Los únicos poetas
que sobresalen, conocen literaturas extranjeras", dice en el ensayo ya
citado. Defiende la necesidad del "plagio" entre los escritores jóvenes
que están haciéndose, como parte del proceso de "nutrición" literaria
que antecede el madurar de la individualidad poética.[42] Las
connotaciones positivas del "cruzamiento" en este ensayo, análogas al
concepto clásico de la *imitatio*, y sugerente del mestizaje literario que
mencionamos en el Inca, expresan esa apertura al universo que
caracteriza lo modernista y que se dará a conocer a través de las
"versiones" hispanoamericanas, es decir, mediante la perspectiva
individual que filtra la creación otra, la extranjera, a la vez que se deja
filtrar por ella.
     El poeta modernista definía el traducir como un modo de
transformación literaria, especialmente al nivel lingüístico y formal, más
que con respecto al contenido del poema. El concepto de "versión",
parte de la poética modernista, da énfasis al significado del proceso de
cambio en sí. Rechaza la necesidad de establecer divergencias formales
para poder mantener la continuidad temática con el modelo a la que se
obliga a toda traducción, anticipando así el empleo moderno y
contemporáneo del término. Según John Hollander:

---

europeo. Su argumento anticipa las premisas de lo real maravilloso de un Carpentier
y del descubrimiento de una realidad netamente americana por los mundonovistas y
luego por los novelistas del boom: "Si es nuestro suelo exuberante de poesía, si tenemos
a la vista tesoros inagotables de inspiración, ¿A qué pedir a la vieja Europa la
mezquina limosna que darnos puede? ¿A qué ceñirnos a la rastrera y servil imitación?"
     [42] Gutiérrez Nájera, "El plagio", en *Crítica literaria*, p. 71, desarrolla la siguiente
metáfora para describir el plagio como una etapa necesaria en el desarrollo de un
escritor: "y a pesar de ese crimen decantado, mientras los detractores volvían a sus
cubiles miserables con menos huesos que roer, pasado ese periodo de nutrición en que
se hallaban, formando su estilo paulatinamente como los mosaístas forman sus mosaicos,
tomando el acero de aquél y el terciopelo de éste, asimilándose formas y pensamientos,
los reos de plagio supieron establecer su poderosa individualidad, y arrojaron sus viejos
trajes y sus guantes rotos al charco cenagoso de las ranas."

The word "translation" designates the process as well as the result, while "version" is applied to processes only in its senses of "rotating", "turning", or "transforming".[43]

Añádanse a estas definiciones los sentidos de "limited authority" o "particular point of view" que asimismo indica el concepto de versión.[44] Tales definiciones contemporáneas indican un cambio esencial en la manera en que se ha valorado esta práctica: pasamos de una imagen de la traducción como producto – acordémonos de la vertiente bíblica e informativa– a un concepto de este arte como proceso, como acto creador, como fenómeno estético. Hay que distinguir, además, la acepción transformadora de la "versión" modernista, de las connotaciones negativas de "verter" utilizadas durante el Siglo de Oro español y el Renacimiento europeo. Para entonces, esta imagen expresaba la pérdida inevitable del líquido que se vierte de un continente a otro.[45] Que la traducción en sí nunca podrá cantar victoria contra la imposibilidad de encontrar *un* equivalente *exacto* en las diferentes estructuras lingüísticas, o en los significantes de cada lengua, y que estas diferencias de forma impedirán, inevitablemente, la equivalencia total del espíritu o del contenido, se implica en el uso renacentista de "verter". Para contrarrestar las huellas negativas de la "imitación" postromántica, el concepto de "versión" asume en el siglo XX las connotaciones transformadoras de la tradición clásica de la *imitatio*. Introduce, además, un elemento que caracterizará la hermenéutica de la traducción en la literatura del siglo veinte: la ausencia de un criterio evaluador, el desmantelamiento de la

---

[43] John Hollander, "Versions, Interpretations, Performances" en *On Translation*, ed. Reuben Brower (Cambridge: Harvard University Press, 1959), p. 220. Asimismo, el *Diccionario de Uso del Español* de María Moliner (Madrid: Editorial Gredos, 1979), define "versión" de la siguiente manera: "acción de verter o traducir un texto; texto que resulta de *verter* o traducir otro". "Verter", a su vez, deriva del latín *vértere*, que significa girar o invertir. El concepto, pues, implica en su etimología la presencia del cambio.

[44] Aquí Hollander también examina las implicaciones de evaluar una "versión" a diferencia de una traducción en general: "We do indeed speak of a poor, bad, or inadequate translation; far less often do we speak of a poor, bad, or inadequate version without being more specific" (p. 221). Borges asimismo utiliza el mismo concepto y recalca el cambio de criterios evaluadores hacia una versión en su ensayo "Las versiones homéricas", *Discusión* (Buenos Aires: Emecé, 1964), p. 105. Define las versiones de una obra como "diversas perspectivas de un hecho móvil".

[45] Theo Hermans, "Images of Translation: Metaphor and Imagery in the Renaissance Discourse on Translation", en *The Manipulation of Literature: Studies in Literary Translation*, ed. Theo Hermans (Australia: Croom Helm Ltd., 1985), p. 121.

"autoridad" o la autoría, y la creciente importancia de la perspectiva del traductor, del que "vierte" o plasma en otro molde lingüístico el contenido y el espíritu del texto original.[46]

El énfasis en el poema como proceso más que producto comienza a desarrollarse, en forma embrionaria, durante el modernismo y culmina en el concepto de "escritura automática" de los surrealistas. En cuanto al desarrollo de una poética de la traducción, las versiones modernistas representan una apertura hacia el valor contemporáneo de este arte: su importancia como proceso lingüístico, poético y estético, y como laboratorio para el poeta en la búsqueda de un lenguaje propio. En la literatura hispanoamericana contemporánea, *Versiones y diversiones* (1978) de Octavio Paz representa la culminación de esta trayectoria.

Guillermo Valencia es una figura clave en el desarrollo conceptual de la traducción como proceso. Si Darío representó la conciencia del movimiento modernista en general, Valencia es el único poeta de su época en Hispanoamérica que formula de manera explícita una conciencia de la traducción como arte, como un proceso literario autónomo. Esto se ilustra en un soneto circunstancial con el cual el poeta colombiano presenta su versión al español de "Ode On A Grecian Urn" de John Keats.[47] El soneto, dedicado al ingeniero Enrique Uribe White, asimismo traductor reconocido en Colombia, aparece a continuación:

> La grácil urna que cincel ignoto
> legó al futuro, con primor labrada,
> el noble Keats dejó transfigurada
> por su mano genial en un exvoto.
>
> Vino hasta mí y en mi poder se ha roto
> el ánfora gentil: despedazada,
> yace a mis pies. Mi atónita mirada
> nublan las amarguras del devoto.
>
> ¿Qué hacer? Cuanto mi bárbara torpeza
> hizo trizas, con mano diligente
> busco, acomodo y ligo, pieza a pieza.

---

[46] Hollander, p. 221.

[47] La traducción de Valencia del poema "Ode on a Grecian Urn" de John Keats aparece en sus *Obras poéticas completas* (Madrid: Aguilar, 1948), pp. 844-846.

Restaurada la urna floreciente,
la calco en vil arcilla, con presteza,
y te la envío cariñosamente.[48]

En este poema aparentemente circunstancial e insignificante,
Valencia abre las puertas a la teoría contemporánea de la traducción
como proceso doble de descodificación y recodificación lingüística y
poética. El poeta colombiano utiliza la imagen de la urna, ya en sí
símbolo de Keats del arte, para representar el texto en inglés "Ode on
a Grecian Urn". Según Valencia, el "ánfora gentil" vino hasta el poeta
y en su poder se ha roto, "despedazada".[49] Además de perpetuar la falsa
modestia del traductor, convención retórica antiquísima, esta primera
imagen metaforiza el análisis implícito en el acto de lectura o
interpretación de un texto literario, durante el cual el traductor – el
lector ideal– percibe y separa los distintos sintagmas o unidades de
significado en el texto, asignándoles una función especial. El proceso de
traducir, según Jackson Matthews, se inicia con una primera etapa de
análisis o descodificación:

> ...he [the translator] will hold the original poem in a sort of
> colloidal suspension in his mind –I mean a fluid state in which
> the syntax, all the rigid features of the original dissolve, and yet
> its movements and inner structures persist and operate. It is out
> of these that he must make another poem that will speak, or
> sing, with his own voice.[50]

---

[48] Guillermo Valencia, *Obras poéticas completas*, p. 844.

[49] Benigno Acosta Polo, en *La poesía de Guillermo Valencia* (Barranquilla,
Colombia, 1965), pp. 258-59, comenta lo siguiente sobre el texto: "Conmovedora la
modestia de Valencia, para quienes hayan leído su versión, otras que por ahí circulan
y el texto inglés, saben que no hubo tal ánfora 'despedazada', ni que el suyo sea un
'calco en vil arcilla'." Concordamos con Acosta en cuanto al tono de modestia que
impregna el texto, convención retórica en fin, pero actitud que refleja igualmente la
relación colonial entre Latinoamérica y Europa en el contexto literario ("cuanto mi
bárbara torpeza"); sin embargo, creemos que una lectura literal del soneto
inevitablemente ignora el valor metafórico del mismo.

[50] Jackson Matthews, "Third Thoughts on Translating Poetry", en *On Translation*,
p. 67. La función del traductor de "apropiarse" del texto ajeno, es decir, de crear su
propio poema, se refleja en los comentarios de varios críticos sobre las traducciones
de Valencia. Rafael Maya, por un lado, ha dicho: "No sólo tradujo el poema ('El señor
de la isla' de Stefan George), sino que lo refundió hasta hacer de él una obra de
inspiración propia" (citado por Benigno Acosta Polo, p. 266). Acosta Polo asimismo
evalúa las traducciones de Valencia de dos poemas de Mallarmé en términos parecidos:
"la traducción se convierte en una interpretación lírica, y eso es lo que Valencia hace"
(p. 261); y, sobre la traducción de Goethe, "Elegía de Marienbad", "Valencia rehizo a

Le sigue a esta etapa inicial el reconstruir de los elementos básicos aislados. La facultad imaginativa, según Baudelaire, es en esencia lo que posibilita el tránsito entre la etapa analítica inicial y la reconstrucción de la materia prima, ya sea la naturaleza para el artista, un texto anterior para el que traduce, o el lenguaje para el lector:

> Elle [l'imagination] décompose toute la création, et, avec les
> matériaux amassés et disposés suivant des règles dont on ne
> peut trouver l'origine que dans le plus profond de l'âme, elle
> crée un monde nouveau, elle produit la sensation de neuf...[51]

Según Valencia, la segunda etapa de reconstrucción es posible gracias a las destrezas sintéticas del traductor, quien busca unir "pieza a pieza" cada uno de los elementos anteriormente aislados. Su "mano diligente", refiriéndose al esfuerzo y voluntad de crear un poema perfecto en su forma, "busca, acomoda y liga" cada una de las piezas hasta restaurar la urna entera. Esta trinidad de verbos indica tres subetapas de la recodificación: primero, el traductor busca cuáles son las piezas que se corresponden entre sí, es decir, las imágenes, verbos, adjetivos, o versos que juntos desarrollan un tema; en segundo lugar, acomoda cada unidad de cierta manera, experimentando con posibles combinaciones de sintagmas. Así produce varias versiones o borradores del original. Finalmente, liga todas las piezas, creando su propia síntesis. La urna poética ha sido restaurada. En esta etapa el lenguaje se revisa y se refina. La versión se lee como un texto autónomo en la lengua meta.

Visto así, el proceso de la traducción – como se insinúa en los ensayos de Baudelaire – corresponde, aunque con diferente terminología, al acercamiento epistemológico hacia este arte que desarrolla Octavio Paz, y al estructuralista de Eugene Nida. El poeta mexicano describe la función del traductor como inversa a la del poeta: "no se trata de construir con signos móviles un texto inamovible, sino *desmontar* los elementos de ese texto, poner de nuevo en circulación los

---

su manera y con factura portentosa, pero incompleta, el pensamiento de Goethe" (p. 263), para luego añadir: "en ellas nos arrulla más la zampoña pánica del Maestro (Valencia) que la siringa germánica de Goethe." (p. 265)

[51] Charles Baudelaire, "Salon de 1859" en *Ecrits Sûr L'art*, (París: Editions Gallimard, 1971), 2: p. 26. Nótese que ya Baudelaire insiste igualmente en la traducción como un proceso primordialmente imaginativo en vez de un imitar de segundo orden literario.

signos y *devolverlos* al lenguaje."[52] Eugene Nida, por otro lado, ha establecido un modelo de la traducción muy similar al que proponen las intuiciones de Valencia y la lucidez ensayística de Paz. Nida se basa en la dualidad estructuralista de *decoding* y *recoding* para ilustrar las etapas intrínsecas a dicho proceso:[53]

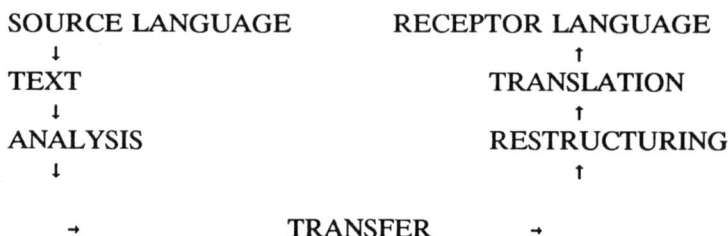

SOURCE LANGUAGE	RECEPTOR LANGUAGE
↓	↑
TEXT	TRANSLATION
↓	↑
ANALYSIS	RESTRUCTURING
↓	↑

→   TRANSFER   →

Traducir, en su totalidad, exige imaginación, esfuerzo crítico y destrezas lingüísticas. Esta singular combinación de talentos, necesaria en todo traductor, también la describe Octavio Paz como "industria verbal" en su prólogo a *Versiones y diversiones*.[54] La continuidad teórica que hemos podido establecer desde Valencia hasta los contemporáneos Paz y Nida, justifica calificar al modernista como figura de suma importancia en el desarrollo de una conciencia en Hispanoamérica sobre la traducción como proceso literario.

***

Afianzando la ya conocida influencia de la lengua francesa en su poesía, Manuel Gutiérrez Nájera incluye en su obra varias "versiones" de

---

[52] Octavio Paz, en *Traducción: literatura y literalidad* (Barcelona: Tusquets Editor, 1971), pp. 15-16. Ese mismo ensayo aparece en *El signo y el garabato*, 2a ed., (México: Joaquín Mortiz, 1975), pp. 57-69.

[53] Eugene Nida y Charles Taber, *The Theory and Practice of Translation* (Leiden: E. J. Brill, 1969), p. 484. El modelo lo examina también Susan Bassnett-McGuire en *Translation Studies* (Londres: Methuen, 1980), p. 16.

[54] Octavio Paz, *Versiones y diversiones*, pp. 6-7, describe metafóricamente la "industria verbal" como la mayor combinación posible de destrezas artísticas y lingüísticas en el traductor: "Pasión y casualidad pero también trabajo de carpintería, albañilería, relojería, jardinería, electricidad, plomería – en una palabra: industria verbal."

poemas franceses. A través de sus lecturas en francés, y al transformar éstas en sus versiones al español, el escritor mexicano enriquece con nuevas rimas, ritmos y un vocabulario inédito el diccionario poético en Hispanoamérica. No hay más que citar "La duquesa Job", su poema más famoso, para ilustrar su galicismo mental.[55] En sus versiones, Gutiérrez Nájera añade metáforas, expresiones y recursos estilísticos, creando textos en español que reflejan su propia sensibilidad. Estas variaciones dan lugar a una transformación del poema en su forma y en su fondo. Aunque Gutiérrez Nájera mantiene los temas principales de los modelos, su sensibilidad los absorbe, convirtiéndolos en suyos mediante cambios de naturaleza metafórica y poética y estableciendo además un ritmo original en sus textos.

Su versión del poema "La Première" de François Coppée ejemplifica, aunque en forma mínima, estos tipos de cambios:

La Première

De François Coppée

Ce n'est pas qu'elle fût bien belle;
Mais nous avions tous deux vingt ans,
Et ce jour-là −je me rappelle −
Etait un matin de printemps.

Ce n'est pas qu'elle eût l'air bien grave;
Mais je jure ici que jamais
Je n'ai rien osé de plus brave
Que de lui dire que j'aimais.

Ce n'est pas qu'elle eût le coeur tendre;
Mais c'était si délicieux
De lui parler et de l'entendre
Que les pleurs me venaient aux yeux.

---

[55] En "La duquesa Job", que aparece en las *Poesías completas* de Gutiérrez Nájera, tomo II, Ed. Francisco González Guerrero (México: Ed. Porrúa, S. A., 1953), pp. 19-23, el poeta modernista utiliza vocablos como: "v'lan", "pschutt", "esprit", "corsé" y "coñac". Muchas rimas suyas se basan en galicismos, nombres propios franceses, o anglicismos: "Clicquot/Theó", "tentación/Pinson", y "Paul de Koch/five o'clock" no son sino algunos ejemplos. En su poema "A una ultra-rubia", pp. 315-319 de sus *Poesías completas*, encontramos un predominio de galicismos. Por ejemplo, el pelo rubio de la mujer es descrito como "hilos de champagne frappé" (p. 318).

Ce n'est pas qu'elle eut l'âme dure;
Mais pourtant elle m'a quitté,
Et, depuis, ma tristesse dure,
Et c'est pour une éternité.[56]

***

La primera

Versión de Manuel Gutiérrez Nájera

No era bella; mas tenía
Veinte abriles, como yo;
Y, lo recuerdo, aquel día
En primavera cayó.

No era muy adusta; pero
Jamás fui tan atrevido
Como al decirle rendido
Y en voz muy baja: te quiero!

No era amante; mas al verme
Con tanto cariño hablaba,
Que, sin poder contenerme,
Lloraba mucho, lloraba!...

Mi vida, entonces tan grata,
Para siempre entristeció:
¡No era ingrata, no era ingrata!
Sin embargo... me dejó![57]

En la primera estrofa, el poeta mexicano transforma la mención precisa de la edad de los amantes, "...nous avions tous deux vingt ans" (v. 2), en un clisé poético: "...tenía/veinte abriles, como yo"(v. 1-2). Gutiérrez

---

[56] De *Poésies de François Coppée*, 1867-74 (París: Lemerre Editeur, 1875), pp. 221-222.

[57] Manuel Gutiérrez Nájera, *Poesías*. Tomo I (París y México: Librería de la Viuda de Charles Bouret, 1916), p. 134.

Nájera consideró más importante expresar el sentimiento y tono de la juventud de los amantes mediante el empleo de "abriles" que limitarse a una expresión directa de la edad. Cuando Coppée confiesa que nunca fue tan atrevido como cuando "lui dire que j'aimais" a la amada, éste califica tal momento. El hablante poético mexicano no sólo le dice que la quiere: se lo dice "rendido/y en voz muy baja". Aunque estas adiciones ayudan a establecer el patrón de la rima en la estrofa, también dibujan una situación afectiva ausente en el original. El lector se imagina al poeta, muy tímido, haciendo su confesión amorosa; de hecho, lo "escucha" hablando en voz baja. Sin embargo, la inclusión de este detalle se contradice un poco con el siguiente cambio en el cual Gutiérrez Nájera transforma la "delicia" con la cual la señorita habla y el poeta la escucha ("Mais c'était si délicieux/De lui parler et de l'entendre"), en una calidad más sentimental y menos sensual: "con tanto cariño hablaba" (v. 10). Más aún, la naturaleza interlocutora del diálogo amoroso en el modelo francés, en el cual el yo poético le habla a ella y la escucha (v. 11), cambia a versos najerianos de naturaleza monológica en los que sólo ella habla (v. 10).

Aunque Gutiérrez Nájera conserva la estructura anafórica del primer verso de cada estrofa, introduce en la última parte del poema el recurso de la reiteración, ausente en el original. Al repetir que el amante lloró, o en sus propias palabras, "que, sin poder contenerme, lloraba mucho, lloraba", el mexicano exacerba la carga emocional de estos versos pues en el original únicamente sugiere que al hablante se le humedecieron los ojos: "Que les pleurs me/venaient aux yeux". Este cambio expresa la pasión desatada del yo poético najeriano, su falta de control ante el destino y ante la fuerza del Amor, poder que se reafirma en la divergencia del diálogo anterior (v. 10). La repetición final de "...no era ingrata, no era ingrata" establece mediante la rima la antítesis radical entre "vida grata" y mujer "ingrata". Tales repeticiones forman parte integral de la musicalidad rítmica del poema.

A través de estos pequeños cambios, Gutiérrez Nájera logra crear una versión personal. Aunque se mantiene el tema del primer amor no correspondido, la expresión de la tristeza "eterna" del poeta cambia (en contraste con el amor y la juventud, ambos pasajeros). Coppée expresa los sentimientos del yo poético de una manera sutil y hasta irónica, en tono ligero. La expresión del amor apasionado corresponde a la personalidad de Gutiérrez Nájera.

En "La canción de Fortunio", versión najeriana de "Chanson de Fortunio" del poeta francés Alfred de Musset, encontramos cambios aún más sustanciales:

Chanson de Fortunio

De Alfred de Musset

Si vous croyez que je vais dire
   Qui j'ose aimer,
Je ne saurais, pour un empire,
   Vous la nommer.

Nous allons chanter à la ronde,
   Si vous voulez,
Que je l'adore et qu'elle est blonde
   Comme les blés.

Je fais ce que sa fantaisie
   Veut m'ordonner,
Et je puis, s'il lui faut ma vie,
   La lui donner.

Du mal qu'une amour ignorée
   Nous fait souffrir,
J'en porte l'âme déchirée
   Jusqu'à mourir.

Mais j'aime trop pour que je die
   Qui j'ose aimer,
Et je veux mourir pour ma mie
   Sans la nommer.[58]

***

---

[58] Alfred de Musset, *Poésies Complètes* (Monaco: Editions Gallimard, 1962), p. 376.

La canción de Fortunio

Versión de Manuel Gutiérrez Nájera

Si de la que amo con tal misterio
Pensáis que el nombre revelaré,
Sabedlo todos, por un imperio,
Por un imperio no lo diré.

Pero, si os place, cantad en coro
Que soy discreto, que soy leal;
Que yo la quiero; que yo la adoro,
Y que es tan rubia como el trigal.

Cuanto proyecte, cuanto decida
Mi caprichosa, sumiso haré;
Si necesita toda mi vida,
Gustoso y pronto se la daré.

¿Quién ha mirado mi oculto llanto?
¿Quién mis amores pudo advertir?
Padezco á solas y sufro tanto
Que, de callarlo, voy á morir!

Mas no por eso penséis que diga
A quién consagro mi amante fe:
La vida y alma doy por mi amiga,
Mas nunca, nunca la nombraré![59]

En la segunda estrofa de la versión, el hablante poético se describe a sí mismo como "discreto" y "leal", calificativos ausentes en el texto de Musset. El desarrollo de la personalidad del enamorado, en relación con la amada, continúa en las adiciones de la tercera estrofa. Mediante verbos específicos – "Cuanto proyecte, cuanto decida/ Mi caprichosa, sumiso haré" – y el rasgo adicional de la mujer, "caprichosa", Gutiérrez Nájera expresa la naturaleza de amor esclavo de esta relación. Tal aspecto se reafirma en los versos siguientes mediante la adición de

---

[59] Manuel Gutiérrez Nájera, *Poesías*. Tomo I, p. 135.

"toda", (en "Si necesita toda mi vida"), adjetivo que exacerba el grado
de ofrecimiento y sacrificio al que está dispuesto el enamorado. Más
aún, éste ofrecerá toda su vida a la mujer "gustoso y pronto",
cualidades ausentes en el texto de Musset. Manteniendo esta
caracterización de sufrimiento y desdicha en el enamorado, Gutiérrez
Nájera añade dos preguntas retóricas (v. 13-14) que expresan la soledad
del poeta que sufre su desdicha en silencio. Luego resume su situación
en los dos versos siguientes: "Padezco a solas y sufro tanto/que, de
callarlo, voy a morir". A diferencia del original, donde la respectiva
estrofa subraya el sufrimiento que conlleva un amor no correspondido,
Gutiérrez Nájera insiste en expresar que la muerte puede ser una
consecuencia de este silencio. La variante najeriana introduce en el
poema el valor catártico de la poesía, posible ramificación del tema en
Musset: el amor no confesado. El hablante poético del texto en español
parece aludir, por lo visto, a la necesidad vital de expresar estos
sentimientos, necesidad que se satisface mediante el acto poético en sí.

Otro aspecto introducido en la versión hispana es el amor como
religión, motivo bastante frecuente en la poesía modernista y en Darío,
en particular, en cuya obra posee significados filosóficos. La adoración
de la mujer-diosa se expresa en la siguiente variación: "Mas no por eso
penséis que diga/a quién consagro mi amante fe". Podríamos creer que
el añadido es innecesario ya que no contribuye a la unidad esencial del
poema. Pero, si en el original se menciona el amor no confesado, el
silencio que se guardará por toda una vida, y hasta el deseo de morir
por la amada (v. 19), en la versión de Gutiérrez Nájera la metáfora de
la religión reafirma la fuerza omnipotente que tiene ésta sobre el
amante. Además, en la metáfora religiosa repercute la sumisión del
enamorado que aparece en la tercera estrofa del texto en español.

"La primera" y "La canción de Fortunio" ilustran el concepto de
"versión" como un texto transformado según la sensibilidad poética del
que traduce y caracterizado por una perspectiva personal que obedece
ya no tanto al poeta original como a su nuevo autor. Aunque estas
versiones son relativamente fieles al modelo, los cambios efectuados en
ellas dan lugar a la expresión de la personalidad literaria y de las
preocupaciones de Gutiérrez Nájera, cuyos poemas amorosos se
caracterizan por cierta pasión de tono nocturnal y algo obsesivo, en
oposición a la vivacidad y ligereza de ambos poemas franceses.

En el nivel formal, las dos versiones gozan de un ritmo musical
único. Aunque en "La primera" Gutiérrez Nájera mantiene el verso
octosílabo del original, la eufonía de las palabras en su conjunto, el
patrón divergente de la rima en el segundo cuarteto, y el empleo de la
repetición hacen del poema un texto independiente de su modelo

literario. "La canción de Fortunio" no sigue el patrón métrico del francés. El poema de Musset combina versos octosílabos y tetrasílabos para lograr un tono ligero y juguetón. Gutiérrez Nájera, por su parte, utiliza el decasílabo, aprendido de Justo Sierra, que también utiliza en "La duquesa Job". En conjunción con este verso cadencioso, el empleo de anáforas, de aliteración y el patrón perfecto de la rima consonante dan lugar a una composición más fluida que la del original. El que Gutiérrez Nájera se muestre más fiel al contenido del poema que a su forma, delata el interés e insistencia del poeta modernista por crear poesía que sea ante todo música verbal. Las versiones de Gutiérrez Nájera revelan sus prioridades en cuanto al valor eufónico de la poesía, a la vez que reflejan la importancia que se le dio entonces a la traducción como laboratorio de ritmos poéticos.

A diferencia de las versiones relativamente fieles de Gutiérrez Nájera, Guillermo Valencia compuso versiones libres de poesía europea y oriental. El grado de libertad con que vierte poemas extranjeros en español es síntoma del concepto y práctica de la traducción del poeta colombiano que, definitivamente, prefigura los experimentos de escritores contemporáneos tales como Ezra Pound y Octavio Paz, entre otros. El poeta modernista, ya para principios de siglo, consideraba el traducir como una modalidad creativa, y no como una función auxiliar de la literatura. El hecho de que más o menos la mitad de los poemas que aparecen en *Ritos* (1898, 2a. ed., 1914) sean versiones de varios textos europeos, indica que el autor utilizó la traducción para crear una obra poética propia. Más aún, su segundo libro, *Catay* (1928), consiste en versiones de poesía china, que calificó como "traducciones de segundo grado" debido a su falta de conocimiento del idioma oriental. Se basó en una traducción francesa titulada *La Flûte de Jade* de Franz Toussaint, texto intermediario que aparentemente lo llevó a crear sus propias versiones en español. La conceptualización del acto de traducir como un camino poético alterno explica la abundancia de sus traducciones (se han calculado un total de 104 de poesía europea, excluyendo las de *Catay*).[60]

---

[60] Tanto *Ritos* como *Catay* aparecen en *Obras poéticas completas* de Guillermo Valencia, (Madrid: Aguilar, 1948). En su prólogo a *Catay*, el poeta menciona que "este librito [...] tampoco es original, porque como el traductor payanés ignora apaciblemente la lengua china se ha resignado a ofrecer una versión sencilla de otra que, en noble prosa francesa de edición lujosísima, hizo Franz Toussaint para aficionados curiosos." La edición francesa que utilizamos en este estudio es *La Flûte de Jade* (París: L'Edition D'Art H. Piazza, 1920). Ya que *Catay* fue publicado en 1928, creemos que ésta es similar a la que leyó Valencia en esos años. De aquí en adelante, las referencias a las páginas donde aparecen los respectivos poemas de Toussaint y de Valencia

En esta época en Latinoamérica, el método indirecto de traducción, aunque no era nada nuevo históricamente, representó una rareza si consideramos que el concepto de autoría literaria, renovado por los románticos, no vino a perder su vigor sino hasta después del surgimiento de las vanguardias y del surrealismo. Es interesante notar que ya para esta época Ezra Pound había completado sus traducciones de *Cathay* (1915) producidas por este mismo método. Aunque Pound fue extraordinariamente fiel en algunas traducciones, como las de los provenzales, cabe señalar que empleó el método indirecto de traducir trece años antes que Valencia. En dos lugares del globo, dos poetas, un hispanoamericano modernista sin fama internacional, y otro norteamericano y poéticamente revolucionario, encontraron en la traducción indirecta una nueva perspectiva del quehacer poético.[61] Tal método coincide, según Reuben Brower, con la verdadera naturaleza misteriosa de la creación poética:

...there are poets who translate Russian poetry without knowing Russian, as the Elizabethans translated Greek literature from versions in Latin and French. Still, at least the shadow of a shadow is there; the mirror held up to nature is held up to the reading or the memory of reading a printed text in a language usually not the writer's first or even second language. Part of the excitement of doing a translation is the feeling of foreignness, even of the obscurity, of the haunting original. It might be claimed that the more ghostly-mysterious the text

---

corresponderán a estas ediciones. Cabe mencionar aquí otras fuentes para el estudio de la poesía china que Valencia posiblemente leyó: *Dernières chansons*, de Louis Boulliet, *Le livre de jade* de Judith Gautier, *La maison d'un artiste* de Edmond de Goncourt, *Madame Chrysantème* y *Japoneries d'Automne*, de Pierre Loti (citadas por Carlos García Prada, en *Guillermo Valencia, Poesías y discursos*, Madrid: Ediciones Iberoamericanas, 1959, p. 143). Véase pp. 142-43 para un catálogo de las traducciones de Valencia al español.

[61] Debido a los cambios en el concepto de autoría literaria y de criterios de evaluación en cuanto a este arte, el método indirecto de traducir se ha vuelto cada vez más popular y común, especialmente entre los poetas americanos que traducen. Por un lado, las versiones de poesía indígena suramericana hechas por W. S. Merwin, poeta norteamericano, ilustran este método. Además, Octavio Paz también ha traducido del japonés y del chino sin conocer esas lenguas. Los poemas japoneses que aparecen en español en *Versiones y diversiones*, pp. 193-248, fueron realizados, por un lado, con la ayuda de un colaborador, Eikichi Hayashiya, y en otros casos, Paz utilizó transcripciones fonéticas y versiones escritas de otros traductores. Sus versiones de poemas chinos fueron posibles mediante el uso de traducciones interlineares, transcripciones fonéticas y las obras de otros traductores, incluyendo las de Kenneth Rexroth, Robert Payne y Paul Demiéville.

seems, the nearer the translator's process approaches free poetic creation.[62]

A propósito de esta brecha lingüística, y a pesar de ella, el método indirecto implica un grado significativo de identificación entre traductor y texto original, un compenetrar de espíritus. Propone, además, problemáticas singulares para evaluar los poemas de *Catay*. ¿Se deben valorar como traducciones utilizando el original como paradigma, o como poemas propios de Valencia? En este caso, tendríamos que examinar los llamados errores o divergencias contextuales y lingüísticas del texto tomando en cuenta la intención poética del traductor, la de escribir su propio poema basándose en los textos franceses de poesía china.

Valencia efectúa cambios sustanciales en los poemas incluidos en *La Flûte de Jade*. Aunque por un lado, el cambio de la prosa francesa al verso hispano indica su intento inicial de mantener una poesía "de simple enunciación", como la china, cabe señalar que sus versiones son auténtica creación, debido a la persistencia con la que el poeta la enriquece de sus propios recursos métricos y metafóricos. En su prólogo a la obra, éste describe la depuración de la poesía china ("Su exposición es muy sencilla y asume, a menudo, carácter narrativo") para justificar el cambio métrico: "Para verterlos se impone apelar a los metros más conocidos y fáciles: al romance que, el primero, tradujo el sentimiento puro, natural y efusivo de nuestra raza." "No deben buscarse aquí lujo de dicción, refinamientos de métrica, que desvirtuarían el aroma de los cantos originales. Los chinos escriben como pintan en sus biombos, como bordan sus túnicas: con frescura, con intención, con humildad, con gracia." (p. 217) Nótese, en primer lugar, el empleo del verbo "verter" que implica una traslación de la forma. Habría que aclarar aquí, sin embargo, la referencia que hace Valencia al "romance". Es confuso su empleo del término ya que el verso predominante en *Catay* es la silva

---

[62] Reuben Brower, *Mirror on Mirror* (Cambridge, Mass: Harvard University Press, 1974), p. 14. George Steiner, en *After Babel* 1977 ed. (New York: Oxford University Press, 1975), p. 359, describe el genio de Pound como traductor que pudo absorber el pensamiento central de los poetas de Cathay, aun sin conocer la lengua original en la que escribieron. Steiner señala que la compenetración con el original es el secreto básico del arte de la traducción: " 'Even when he is given only the barest details, he is able to get into the central consciousness of the original author by what we may perhaps call a kind of clairvoyance.'(cita de Hugh Kenner en 'The Invention of China', *Spectrum*, IX, 1967) This insinuation of self into otherness is the final secret of the translator's craft." Más adelante, p. 361, Steiner describe la paradoja del escritor ignorante de la lengua que traduce, ya que la ausencia de presunciones culturales y lingüísticas facilita una transposición más auténtica del espíritu del modelo.

modernista, la combinación asimétrica de heptasílabos y endecasílabos, y no el octosílabo. Aunque aparecen varios poemas vertidos a octosílabos con rima asonante en los pares, la forma del romance tradicional, otros textos como "Mi amiga", "Beatitud" y "Ante las ruinas de un palacio" asimismo son octosílabos, pero exhiben divergencias con el romance tradicional, como lo son el pie quebrado y la variedad combinatoria de patrones de rima consonante con asonante. Muchos poemas de carácter narrativo en el modelo han sido traspuestos en diversos metros: heptasílabos, endecasílabos y eneasílabos, entre otros. El carácter del romance acaso se perfila a través de los "romancillos", poemas de versos hexasílabos y heptasílabos con rima asonante, entre los cuales se encuentran "La novia joven" y "Mi túnica". Valgan estas observaciones para establecer la diversidad y riqueza métrica de la colección, que en nada se limita a "la simple enunciación" del romance.

En otro ensayo, Valencia defiende el principio de fidelidad en sus traducciones, a la vez que reconoce su carácter inevitablemente digresivo:

> Frente a una lengua radicalmente distinta de la propia, hay que llamar a concurso todas las reservas idiomáticas [...] Hay que apelar a todos los recursos del léxico para seleccionar las formas que entreguen el sentido auténtico del verso.[63]

Estas declaraciones explican, en parte, la discontinuidad entre sus palabras preliminares y la realización de los versos en *Catay*. En su afán por mantener el espíritu del modelo, Valencia terminó incorporando un vasto catálogo de formas y de recursos estilísticos, algunos de los cuales ya hemos anotado. Veamos, pues, otras de las "reservas idiomáticas" del español que exhibe Valencia en sus versiones:

---

[63] Citado en Gerardo Valencia, "La creación poética en Catay", ed. Hernán Torres, *Estudios: edición en homenaje a Guillermo Valencia 1873-1973* (Cali, Colombia: Carvajal y Ca., 1976), pp. 44-45.

Je me promenais...

de Chang-Wu-Kien (1879)
Traducción al francés de Franz Toussaint

En files noires, des oies sauvages traversent le ciel. On voit, dans les arbres, des nids abandonnés. Les montagnes semblent plus lourdes.

J'ai trouvé, près de ma fontaine, la flûte de jade que tu avais perdue, cet été. L'herbe haute l'avait soustraite à nos recherches. Mais l'herbe est morte, et ta flûte brillait au soleil, ce soir.

J'ai pensé à notre amour, qui est resté si longtemps enseveli sous nos scrupules. (pp. 1-2)

***

Paseando

Versión de Guillermo Valencia

En negras filas cruzan los ánades salvajes.
Nidos amarillentos lloran sobre los árboles,
	y las montañas sordas
parece que oprimieran con su mudez la tarde.
Hoy encontré tu flauta de jade que perdiste
en el pasado estío. La madurez pujante
de la hierba cubrióla, mas ha muerto la hierba
	y tu flauta de jade,
como un ascua fulgía ante mi fuente,
a la luz fugitiva de la tarde.
Y en nuestro amor pensé, que vive consumido
de unos necios escrúpulos bajo el falaz ropaje. (p. 219)

Mediante nuevos verbos y adjetivos, el poeta-traductor construye personificaciones de la naturaleza ausentes en el original: 1) "On voit, dans les arbres,/des nids abandonnés" – "nidos amarillentos/lloran sobre los árboles"; 2) "Les montagnes semblent plus lourdes" – "y las montañas sordas/parece que oprimieran/con su mudez la tarde". También añade símiles: "et ta flûte brillait au soleil, ce soir" – "y tu flauta de jade,/como un ascua fulgía/ ante mi fuente". Al final del texto, Valencia desarrolla con más ahinco que la sutil versión francesa la imagen de la flauta de jade como símbolo del amor que vive disfrazado bajo los escrúpulos de los amantes: "J'ai pensé à notre amour, qui est resté si longtemps enseveli sous nos scrupules" – "Y en nuestro amor pensé,/que vive consumido/de unos necios escrúpulos/bajo el falaz ropaje". Otras adiciones de índole interpretativa y sentimental reafirman el rasgo aumentado que caracteriza el resto de la colección: "les danses de la belle Si-Chy enivraient déjà le roi" (p. 4) – "las danzas de la bella,/de la *flexible* Si Chi/ tenían embriagado *de amor*, al rey *su dueño*" (p. 221). En "Desde que se fue", Valencia cambia el orden de la frase y crea un hipérbaton para lograr el patrón de la rima consonante ("mangas/lánguidas") o acaso para dar énfasis al aspecto sensorial de la imagen proyectada, la cual representa la tristeza y el deseo de morir ante la ausencia de la amada: "et je vais dormir parmi les bambus qu'elle aimait" (p. 3) – "me iré de unos bambúes/bajo las plumas lánguidas/y dormiré a su sombra/¡lo que ella tanto amaba!" (p. 222).

Las añadiduras en los textos hispanos y las divergencias con el original igualmente demuestran la obsesión del poeta modernista por desplegar un vocabulario variado y extenso en la creación de sus metáforas. En este sentido, los poemas de Valencia son, en definitiva, más extensos y menos "sencillos" en su enunciación que las versiones francesas. Alan Trueblood clasifica este tipo de traducción como "paráfrasis", utilizando el término de Dryden; es decir, una traducción ampliada pero sin alterar el campo semántico del modelo. El estilo de Valencia como traductor se caracteriza por un "alarde de virtuosismo", "marcada subida de tono" y "entonación emocional extremada", según ha notado Trueblood en su análisis de la traducción del poema de Oscar Wilde, "La balada de la cárcel de Reading". A pesar de que el traductor colombiano haya mostrado fidelidad casi absoluta en algunos de sus traslados poéticos, como ha indicado Sonja Karsen, tal lealtad no caracterizaría todas sus traducciones. Podemos afirmar con certeza que su estilo como traductor es libre, amplio y hasta ampuloso.[64]

Aunque tal estilo pueda ser todavía huella de la retórica del romanticismo, es justo considerarlo desde un punto de vista histórico. La redundancia verbal que exhibe Valencia no es arbitraria ni única. La época finisecular fue un momento de exhibicionismo tanto en la vestimenta – recordemos los *dandies* de esos años – como en el lenguaje. De hecho, las traducciones de la poesía de Shelley del poeta simbolista ruso, Konstantin Balmont, han sido criticadas por la misma razón, y pecan del estilo hinchado, personalizado y hasta presuntuoso impartido por su siglo.[65] Como poeta modernista, Valencia satisfacía la necesidad de experimentar con la mayor cantidad posible de léxico, de introducir nuevas palabras e imágenes novedosas, sinestesias, personificaciones, calificativos y rimas hasta entonces inéditas. El traducir como un modo alterno de creación poética también responde, durante esta época, a la necesidad de los poetas de crear un laboratorio metafórico en el cual pudieran descubrir nuevos modos de expresión. Las lecturas de textos extranjeros los ayudaron a crear un español más rico y, paradójicamente, más suyo, mediante el contacto y síntesis con otras lenguas. Como ha afirmado Pedro Emilio Coll, "se cree que las influencias extranjeras son un obstáculo para el americanismo; no lo pienso así y aun me atrevería a suponer lo contrario".[66] En cuanto al ya viejo debate del "exotismo" o "cosmopolitismo" en los modernistas, el análisis de la traducción como punto de convergencia entre lo extranjero y lo hispánico ilustraría los efectos positivos de esta apertura hacia el mundo en nuestro desarrollo literario.

---

[64] Alan Trueblood, "Wilde y Valencia: 'La balada de la cárcel de Reading' ". En *Estudios*, pp. 158, 163-64. Trueblood explica la paráfrasis drydeniana como "la traducción que se hace con latitud, sin perder de vista al autor original pero siguiendo menos sus palabras que el sentido de ellas, y admitiendo éste ampliación pero no alteración" (pp. 146-47). Véase asimismo Sonja Karsen, *Guillermo Valencia, Colombian Poet* (New York: Hispanic Institute, 1951), en particular el capítulo "Translations", pp. 179-203.

[65] En *The Art of Translation: Kornei Chukovsky's "A High Art"*, ed. Lauren G. Leighton (Knoxville: The University of Tennessee Press, 1984), pp. 21-23, Chukovsky critica la imposición del estilo del traductor, Balmont, sobre el original de Shelley: "every last one of them is in the same boudoir style of cheap love songs"; "This lavishness with boldly sweeping gestures can be found on literally every page of Balmont's translations". Según Chukovsky, "Shelley became dandified in Balmont's translations".

[66] Pedro Emilio Coll, "Decadentismo y americanismo", en *El modernismo visto por los modernistas*, ed. Ricardo Gullón (Barcelona: Editorial Guadarrama, 1980), p. 89.

Hoy en día la crítica se acerca a este tipo de traducción "ampulosa" sin imponer juicios valorativos contra el recurso aditivo al modelo. La traducción "ab-usiva", según la terminología desconstruccionista, trata de mantener un balance de equivalencias, de compensar los elementos que se pierden en el proceso de transferencia lingüística y semántica mediante la añadidura de elementos nuevos, pero de signos similares, en otros lugares del texto. La fidelidad del traductor no reside en mantener todos los significantes y significados en el mismo orden del original, sino en reproducir el proceso de significación que constituye la lectura del texto.[67] De tal manera, la teoría contemporánea de la traducción justificaría la versión parafrástica. Además, la época modernista, como ya hemos visto, así lo exige.

A diferencia del traductor de veta neoclásica, cuyo interés en traducir yace en "preservar" y "refinar" las obras maestras del pasado, el poeta-traductor modernista traduce para crear una obra que produzca un efecto análogo en el lector coetáneo. El interés de los modernistas por la literatura del pasado no era de tipo arqueológico ni histórico. Los textos antiguos representaban un pretexto (o pre-texto) para buscar nuevos modos literarios que expresaran la sensibilidad artística de la época. En general, sus traducciones se pueden calificar como "dinámicas" a diferencia de las traducciones "formales" de tipo neoclásico.[68]

El análisis comparado entre las respectivas traducciones de Guillermo Valencia y de Alfonso Reyes, de dos poemas de Stéphane Mallarmé, "Apparition" y "Brise Marine", ilustran de manera más concreta las distinciones entre una traducción dinámica y una formal. Mientras que Reyes, traductor y autor de innegable signo clasicista, traduce con la intención de preservar todos los temas, imágenes y metáforas del modelo, Valencia se toma la libertad de añadir sus propias imágenes, adjetivos, frases y recursos poéticos. Es la diferencia entre el esteticismo y culto a la forma de éste último, y la actitud post-modernista de un Reyes, miembro de la Generación del

---

[67] Véase Philip E. Lewis, "The Measure of Translation Effects", en *Difference in Translation*, ed. Joseph F. Graham (Ithaca: Cornell University Press, 1985), p. 41: "On the other hand, the real possibility of translation – the translatability that emerges in the movement of difference as a fundamental property of languages – points to a risk to be assumed: that of the strong, forceful translation that values experimentation, tampers with usage, seeks to match the polyvalencies or plurivocities or expressive stresses of the original by producing its own."

[68] Utilizamos estos términos según las definiciones de Sandra Forbes Gerhard en *Don Quixote and the Shelton Translation* (Madrid: Studia Humanitatis, 1982), p. 18 y p. 22.

Centenario y del Ateneo de la Juventud en el México de 1910. Junto a Pedro Henríquez Ureña, José Vasconcelos, Antonio Caso y otros, este grupo regresó a los tradicionales modelos castellanos y del Siglo de Oro en respuesta antitética a esas afectaciones del modernismo que Valencia tan claramente ilustra. Como resultado de dos estéticas opuestas, la traducción de Reyes es mucho más literal y, por lo tanto, más condensada que la versión ab-usiva del colombiano. Debido a sus diferentes motivos literarios y al lenguaje accesible a cada uno, nos encontramos con dos versiones del poema "Apparition" de Mallarmé que se contrastan entre sí:

Apparition

De Stéphane Mallarmé

La lune s'attristait. Des séraphins en pleurs
Rêvant, l'archet aux doigts, dans le calme des fleurs
Vaporeuses, tiraient de mourantes violes
De blancs sanglots glissant sur l'azur des corolles
– C'était le jour béni de ton premier baiser.
Ma songerie aimant à me martyriser
S'enivrait savamment du parfum de tristesse
Que même sans regret et sans déboire laisse
La cueillaison d'un Rêve au coeur qui l'a cueilli.
J'errais donc, l'oeil rivé sur le pavé vieilli
Quand avec du soleil aux cheveux, dans la rue
Et dans le soir, tu m'es en riant apparue
Et j'ai cru voir la fée au chapeau de clarté
Qui jadis sur mes beaux sommeils d'enfant gâté
Passait, laissant toujours de ses mains mal fermées
Neiger de blancs bouquets d'étoiles parfumées.[69]

***

---

[69] Stéphane Mallarmé, *Poésies* (París: Librairie Gallimard, 24a edición, sin fecha), pp. 16-17.

Aparición

Versión de Guillermo Valencia

La luna se velaba. Serafines llorosos
con el arco en los dedos, adolorida el alma,
pensaban en la calma
de las dormidas flores de tallos vaporosos,

y heridas por sus manos, las moribundas violas
rompían en sollozos de un albor invisible,
que rozaban, rozaban
el azul apacible de las tibias corolas:

¡Era el día bendito de tu beso primero!

La febril fantasía que las almas consume,
por herirme, a sabiendas se embriagó del perfume
de tristeza que lanza
la cosecha de un sueño, sobre el ser que lo alcanza.

Mientras miraba el suelo con mirar abstraído,
en la calma, en la tarde, te me has aparecido
como un hada rïente
como el hada risueña, de mis tiempos mejores,
como el hada rïente que – de blancos fulgores
coronada la frente –
pasaba ante mis ojos,
pasaba ante mis ojos turbados dulcemente
dejando que sus manos regasen, mal cerradas,
¡nevados ramilletes de estrellas perfumadas! (pp. 172-173)

***

Aparición

Versión de Alfonso Reyes

La luna se afligía. Dolientes serafines
vagando, – ocioso el arco – en la paz de las flores
vaporosas, vertían de exánimes violines
por los azules cálices blanco lloro en temblores.
– De tu beso primero era el bendito día.
Como en martirizarme mi afán se complacía,
se embriagaban a conciencia con ese desvaído
Aroma en que – sin lástimas y sin resabio – anega
la cosecha de un sueño al alma que lo siega.
Yo iba mirando al suelo, errante y abstraído,
cuando – con los cabellos en sol – toda sonriente,
en la calle, en la tarde, te me has aparecido.
Y creí ver el hada del casco refulgente
que cruzaba mis éxtasis de niño preferido,
dejando siempre, de sus manos entrecerradas,
nevar blancos racimos de estrellas perfumadas.[70]

Mientras que Reyes trata de condensar sus imágenes en dieciséis versos como en el original, Valencia extiende su versión a veintidós, estrategia que Reyes no deja pasar desapercibida en *Mallarmé entre nosotros*:

Tan noble poeta como Guillermo Valencia ha debido abandonar la uniformidad mallarmeana, mezclando alejandrinos con heptasílabos (lo cual después de todo conserva el galope rítmico), y se ha conformado con convertir los dieciséis versos franceses de la "Aparición" en veintidós versos castellanos, y los dieciséis de la "Brisa marina" en no menos de veintiocho. Además, se ha consentido repeticiones y tartamudeos ("Como el hada rïente-como el hada risueña-como el hada rïente") más propios del estilo de José Asunción Silva que de Mallarmé... (pp. 39-40)

---

[70] Alfonso Reyes, *Mallarmé entre nosotros* (México: Tezontle, 1955), p. 72.

Su referencia a Silva es muy significativa, una prueba más de la naturaleza "dinámica" de la versión valenciana, en la cual encontramos un doble fenómeno poético: la imitación estilística del ritmo del "Nocturno" de Silva, particularizado en las anáforas de la estrofa final, y la traducción parafrástica del modelo francés. Valencia ha re-escrito este poema desde la sensibilidad modernista de la época, más que para reconstruir arqueológicamente el texto de Mallarmé. Su intención se delata en las adiciones al original no de imágenes nuevas, sino de detalles y vocablos redundantes. Por ejemplo, la frase "dans le calme des fleurs/Vaporeuses", que contiene dos sustantivos y un adjetivo, se torna en una frase doblemente larga: "pensaban en la calma/de las *dormidas* flores *de tallos vaporosos*". El añadido de "dormidas", personificación literaria, se podría justificar en cuanto a que da relieve al ambiente nocturno, onírico y hasta metafóricamente cercano a la muerte que se introduce en el poema y que se continúa mediante la alusión a "las moribundas violas" y a "la cosecha de un sueño". Sin embargo, la presencia de los "tallos vaporosos" es algo injustificable ya que no añade de modo alguno a la unidad temática o a la imaginería del poema.[71]

Dentro del catálogo de adjetivos añadidos en la versión de Valencia, sobresalen aquellos que delatan de manera explícita el sentimiento que en el modelo sólo se le sugiere al lector, como por ejemplo: "el azul apacible" por "l'azur", o "en la calma, en la tarde" por "Et dans le soir". El suplir palabras que reafirman en sí mismas lo que Mallarmé sugiere es precisamente lo que logra un Valencia y lo que un Reyes evitaría. En su ensayo crítico sobre "el procedimiento ideológico de Mallarmé", el pensador mexicano describe "la elipsis ideológica además de la gramatical" que caracteriza la poesía del francés y que le otorga su singularidad estética y filosófica. Empleando términos de la psicología de William James, Reyes afirma que la poesía mallarmeana expresa los estados "sustantivos" de la conciencia, prescindiendo de los "transitivos"; tal estrategia poética le presta ese hermetismo y dificultad de lectura a sus textos y Reyes amonesta contra el violar de ese estilo: "Vano sería ensayar, para cada caso, suplir con palabras esos tránsitos suprimidos por Mallarmé".[72]

Por otro lado, la mención directa en el texto de Mallarmé del color blanco se torna en la versión valenciana en alusiones indirectas a este

---

[71] Alfonso Reyes en *Mallarmé*, p. 40, percibe el añadido de "tallos vaporosos" por Valencia como uno de varios errores interpretativos en que incurre el poeta colombiano.

[72] Alfonso Reyes, "Sobre el procedimiento ideológico de Stephan Mallarmé", en *Cuestiones estéticas* (París: Librería Paul Ollendorff, 1911), p. 163.

color mediante imágenes de la naturaleza: "De blancs sanglots" se menciona como "sollozos de un *albor* invisible", y en el verso final, "Neiger de blancs bouquets d'étoiles parfumées" el blanco se omite y el verbo "neiger" se transforma en adjetivo: "regasen [...] *nevados* ramilletes de estrellas perfumadas". Estos últimos ejemplos demuestran que, en muchos casos, Valencia era consciente de los cambios que efectuaba y, así, trataba de mantener vigente la ley de suma y resta. Es decir, todo traductor, cuando se ve obligado a omitir palabras aparentemente claves en el poema, debe encontrar alguna otra imagen o sintagma que cree un efecto similar al del modelo. Valencia demuestra su preferencia por los adjetivos de naturaleza sensorial y emotiva que aluden a los estados y ambientes psíquicos, ya sugeridos en el texto de Mallarmé.

Las repeticiones anafóricas que establecen la aparición de la mujer como un "hada" y la frase "pasaba ante mis ojos", además de la repetición anterior verbal, "rozaban, rozaban", sirven una función tanto en la estructura como en el tema. Ayudan a mantener el ritmo musical del poema en español que depende, en gran parte, del "Nocturno" de Silva. (Recordemos la abrumadora influencia que tuvo éste sobre la sensibilidad de un Valencia). Los primeros dos versos con los que se expresa la aparición de la figura femenina recalcan la sorpresa e incredulidad del hablante poético ante ese fenómeno, tono que nos recuerda, en efecto, el ambiente de "sombras" del famoso nocturno de Silva. Es como si el poeta estuviera pensando en voz alta en el momento mismo de la aparición, titubeando, convenciéndose a sí mismo que ella es real y asociándola con las hadas de sus fantasías infantiles. La aceleración gradual del ritmo creado por este recurso ayuda asimismo al lector a reproducir este instante en todos sus aspectos sensoriales.

Como buen postmodernista que huiría de las afectaciones del modernismo, y como traductor de veta clásica cuya intención es preservar el poema original, Alfonso Reyes no justifica tales repeticiones. No sólo las ha calificado de "tartamudeos", como ya hemos visto, sino que, en sus propios esfuerzos omite la repetición, aun cuando ésta forma parte del modelo. En "Brise marine", Reyes juzga que la repetición "sans mâts, sans mâts"(v. 15) es producto de la "fatiga momentánea" del poeta y, por lo tanto, la omite, aunque sustituye la idea de la ausencia de dirección de la nave con la frase "sin islotes *ni derroteros*" (p. 78). En contraste, Valencia no sólo mantiene esa repetición, sino que añade una imagen tropical al mencionar el islote: "ni fértiles islotes de *verdes cocoteros*..."(v. 27)

Al igual que su "Aparición", el poema "Brisa marina" de Valencia ilustra añadidos que funcionan más como síntomas de sus experimentos lingüísticos que como expresiones fieles al original:

Brise marine

De Stéphane Mallarmé

La chair est triste, hèlas! et j'ai lû tous les livres.
Fuir! là-bas fuir! Je sens que des oiseaux sont ivres
D'être parmi l'écume inconnue et les cieux!
Rien, ni les vieux jardins reflétés par les yeux
Ne retiendra ce coeur qui dans la mer se trempe
O nuits! ni la clarté déserte de ma lampe
Sur le vide papier que la blancheur défend
Et ni la jeune femme allaitant son enfant.

Je partirai! Steamer balançant ta mâture
Lève l'ancre pour une exotique nature!
Un Ennui, désolé par les cruels espoirs,
Croit encore à l'adieu suprême des mouchoirs!
Et, peut-être, les mâts, invitant les orages
Sont-ils de ceux qu'un vent penche sur les naufrages
Perdus, sans mâts, sans mâts, ni fertiles îlots...
Mais, ô mon coeur, entends le chant des matelots!
(p. 43-44)

***

Brisa marina

Versión de Guillermo Valencia

La carne es la tristeza, y ya los libros todos
¡asiló mi cabeza!
¡Huyamos allá, huyamos!
¡Huyamos allá, huyamos! Sobre la mar salada
las aves giran ebrias, en pálida bandada.
Sobre la mar salada
las aves giran, ebrias de sacudir el vuelo
entre la espuma ignota y el inmutable cielo.

Ni aquel jardín antiguo que reflejaron ojos
amados para siempre, ni los destellos rojos
de mi vetusta lámpara sobre el papel vacío
a quien –bajo la noche– defiende su blancura;
ni un niño que los senos
a su robusta madre de joven hermosura
con avidez atrapa:
nada en el mundo, nadie demorará un espíritu
que en el amargo zumo del piélago se empapa.
¡Yo partiré! Tus mástiles erige con presteza,
oh Buque, y leva el ancla
¡con rumbo hacia una exótica feliz naturaleza!
Un tedio, desolado por ávidos anhelos,
espera en los adioses que mandan los pañuelos...

Quién sabe si estos mástiles alargarán un día
sus dedos a los náufragos, entre la mar bravía,
a los desnudos náufragos sin mástiles, sin mástiles
ni fértiles islotes de verdes cocoteros...
¡Oh, corazón! ¡escucha las voces de alegría
que dan los marineros! (pp. 174-75)

***

Brisa marina

Versión de Alfonso Reyes

La carne es triste ¡ay! y todo lo he leído.
¡Huir! ¡Huir! Presiento que en lo desconocido
de espuma y cielo, ebrios los pájaros se alejan.
Nada, ni los jardines que los ojos reflejan
sujetará este pecho, náufrago en mar abierta,
¡oh noches! ni en mi lámpara la claridad desierta
sobre la virgen página que esconde su blancura,
y ni la fresca esposa con el hijo en el seno.
¡He de partir al fin! Zarpe el barco, y sereno
meza en busca de exóticos climas su arboladura.
Un hastío reseco de crueles anhelos
aún sueña en el último adiós de los pañuelos.
¡Quién sabe si los mástiles, tempestades buscando,

se doblarán al viento sobre el naufragio, cuando
perdidos floten sin islotes ni derroteros!...
¡Mas oye, oh corazón, cantar los marineros! (pp. 78-79)

En la primera estrofa de la versión de Valencia, los hemistiquios
nuevos "Sobre la mar salada" y "en pálida bandada" sirven sobre
todo para crear un ritmo y la rima de los pareados en español.[73]
Aunque éstos no corresponden sistemáticamente al ritmo y rima del
modelo francés, Valencia logra un ritmo original mediante el uso
variado de los hemistiquios en el cuarto y sexto verso, y en el quinto y
séptimo. Este reproduce, hasta cierto punto, la ambigüedad y el
movimiento circular de los pájaros "ebrios". A pesar de estos
experimentos rítmicos, mantiene la rima en pareados, excepto por el
segundo verso.

Por su parte, Reyes mantiene la rima pareada (excepto en el
séptimo y décimo verso) y el ritmo del modelo. Además, logra salvar la
imagen de los pájaros concentrada en un verso y medio, como en el
original: "Je sens que des oiseaux sont ivres/D'être parmi l'écume
inconnue et les cieux" – "Presiento que en lo desconocido/de espuma
y cielo, ebrios los pájaros se alejan". La única divergencia aparente en
la versión de Reyes es el "alejarse" de los pájaros, ya que el original
denota un movimiento circular; los pájaros, como reflejo del poeta,
están ebrios de estar entre dos mundos desconocidos, el mar y el cielo,
y de no pertenecer a ninguno. Por otro lado, el alejarse de los pájaros
en la versión de Reyes refleja el deseo del hablante poético de huir,
mencionado anteriormente, "Fuir! là-bas fuir!" y, por lo tanto, forma
parte orgánica del enfoque temático de los primeros versos.

La versión "dinámica" de Valencia ofrece al lector de su época un
texto en español lleno de imágenes sensoriales, de calificativos
sentimentales, y vocablos que evocan estados anímicos. Satisfacen, a la
vez, la sed de belleza y ritmo musical de la época modernista, esa
obsesión por experimentar con estados puramente bellos mediante el
lenguaje poético. El acto de traducir, pues, ofrece al poeta una
oportunidad de tantear nuevas expresiones poéticas que luego
configurarán un léxico modernista, legado valiosísimo para los poetas
contemporáneos. En contraste, la traducción "formal" de Reyes refleja
ese intento de preservar y mantener el texto original lo más fielmente

---

[73] Otros sustantivos adjetivados añadidos a la versión de Valencia son las siguientes:
"vetusta lámpara" (v.11), "destellos rojos" (v.10), "robusta madre" (v.14) y "amargo
zumo" (v. 17).

posible. En el proceso, Reyes revisa y refina el original según sus propios criterios.[74] Claro está, la diferencia entre el lenguaje de Reyes y el de Valencia es producto de las distintas épocas, más que históricas, estéticas, en que vivieron, además de ser resultado de la personalidad individual de cada uno. Debido a su interés por la literatura clásica y renacentista y a su participación en el Ateneo de la Juventud de México, Reyes fue representante de un humanismo postmodernista en el siglo veinte. De hecho, su obra como traductor refleja los preceptos, intereses y procedimientos de veta clásica. Valencia, por su lado, ilustró en sus traducciones "ab-usivas" el esfuerzo de los modernistas de su época de acuñar y experimentar con nuevos lenguajes poéticos para alcanzar la expresión ideal de una nueva sensibilidad moderna y pre-contemporánea. Las respectivas traducciones de dos figuras tan distintas muestran las perspectivas heterogéneas sobre este quehacer literario dentro del desarrollo de la literatura hispanoamericana. Más aún, Valencia y Reyes encarnan las dos corrientes centrales de la traducción, la dinámica y la formal, la romántica y la clasicista, la libertad y la fidelidad. Ambos se informan, como hemos visto, en sus épocas – la versión abusiva modernista y la clasicista del postmodernismo mexicano– y en la personalidad, estilo y signo estético que los caracteriza.

---

[74] En *Mallarmé entre nosotros*, Reyes expresa sus prioridades como traductor de Mallarmé (repitiendo casi textualmente el precepto clásico de Fray Luis de León): trasladar el modelo al español lo más fielmente posible, sin añadir u omitir ningún elemento. Asimismo se preocupa constantemente por un español de patrones fónicos aceptables, al igual que por un lenguaje pulido, concentrado, sin ripios ni excesos innecesarios. Su obsesión es tal que se propone traducir los sonetos de Mallarmé en el mismo número de versos. Por ejemplo, en sus comentarios sobre "Saludo", p. 66, Reyes confiesa los "pecados" de su traducción: "Introduzco tres nociones nuevas: 'bauprés', 'procela' y 'rastro'. Y me asombro de que haya cabido en la traducción más materia que en el original, siendo ambos de igual tamaño. Me disculpo [...] y yo creo que el Maestro las hubiera aprobado." Su comentario final expresa el fuerte concepto de autoría literaria que Reyes ha asimilado, el mismo que ya Valencia, en sus traducciones, había comenzado a desmitificar.

CAPITULO II

El ser y el otro
La epistemología de la traducción

Aunque a través de los siglos la literatura siempre ha examinado el significado de la existencia humana, en la época moderna la reflexión ontológica incluye asimismo una actitud de auto-conciencia, un cuestionarse a sí misma. A través del lenguaje, esta conciencia ontológica se reafirma y se define a la vez que aumenta. El lenguaje es el instrumento que posibilita la expresión de esa conciencia; paradójicamente, es reflejo a su vez de nuestra imperfecta condición humana.[75]

En Hispanoamérica, Octavio Paz, como poeta, pensador y crítico, ha dedicado suma atención a la literatura en cuanto cuestionamiento del ser y vehículo de conocimiento de la realidad, es decir, en cuanto a su función epistemológica. Tanto los ensayos de Paz, como su poesía y sus traducciones poéticas, expresan una aguda conciencia de la literatura y del lenguaje como instrumentos esencialmente cognoscitivos.[76] Sus conceptos del ser y del otro, de la unidad y la pluralidad, de la poesía y la crítica, están íntimamente ligados al conocimiento del ser y del mundo mediante el lenguaje verbal.

No es sorprendente, pues, que Paz defina la traducción como un proceso paralelo a la creación literaria: ambas artes comparten ese potencial epistemológico. Aunque el pensador mexicano delimita la tarea del traductor como inversa a la del poeta en cuanto a la práctica

---

[75] Para una discusión sólida sobre el problema del lenguaje en la plasmación de una conciencia ontológica, véase George Steiner, "Language Animal", en *Extra-Territorial* (New York: Athenaeum, 1971), p. 59.

[76] En este capítulo nos basamos en las ideas de Paz expuestas en casi todos sus ensayos, pero prestaremos énfasis a tres obras que tratan el tema de la traducción: *El signo y el garabato*, 2a ed. (México: Joaquín Mortiz, 1975), *Los hijos del limo* (Barcelona: Editorial Seix Barral, 1974) y *Traducción: literatura y literalidad* (Barcelona: Tusquets Editor, 1971). De ahora en adelante, las referencias a dichas obras aparecerán en el texto, junto con sus respectivas iniciales – SG, HL y TLL – y paginación.

se refiere, a través de sus ensayos recalca el concepto de la traducción como ejercicio imprescindible en el desarrollo del poeta y, dentro de un cuadro más amplio, en el hacer de las literaturas nacionales, tales como las hispanoamericanas, en relación con la literatura mundial. (TLL, 15-16; SG, 65-66) En este último aspecto, Paz comparte las ideas del panteísmo literario de Jorge Luis Borges, tema que discutiremos más adelante. Lo singular en Paz es la profunda comprensión que exhibe del arte de la traducción, perspectiva que le servirá de base al desarrollar sus ideas sobre la epistemología de la traducción dentro del contexto más abarcador de su poética.

Para Paz, el vigor de la práctica de la traducción dentro del contexto de la literatura moderna se explica, en primer lugar, en la gradual desaparición del concepto de autor y autoría que comienza a tomar vigencia desde el movimiento simbolista. El énfasis en la naturaleza analógica de la poesía – "Les forets des symbols" de Baudelaire– culminó con el método surrealista de la "escritura automática", en que el autor es el *médium* a través del cual el subconsciente fluye a la página en blanco. En continuidad con la herencia surrealista, hoy en día la crítica presta mayor atención al papel primordial del lector en el proceso de otorgarle significado al texto, que a la autoridad preterista del escritor. Si tradicionalmente leer un texto quería decir extraerle un significado mediante sus palabras, ahora, en cambio, la lectura se define –según lo hace Stanley Fish, por ejemplo– como un fenómeno dialéctico, un proceso de percepción visual y mental de las palabras, sintaxis e ideas, a través del cual se define el *efecto* que tiene el texto en el lector.[77] En *Los hijos del limo* Paz anota las implicaciones teóricas del concepto analógico simbolista, claro precedente de la actual dialéctica entre autor, texto y lector:

---

[77] Véase de Terry Eagleton su examen esclarecedor sobre los movimientos de recepción, en particular las ideas de Wolfgang Iser y de Stanley Fish, en *Literary Theory: An Introduction* (Minneapolis: University of Minnesota Press, 1983), pp. 74-88. Para resumir la aproximación de las teorías de Fish, citamos a Eagleton: "For Fish, reading is not a matter of discovering what the text means, but a process of experiencing what it does to you." (p. 85) O, citemos a Stanley Fish directamente, quien en su obra *Is There a Text in this Class?: The Authority of Interpretive Communities* (Cambridge, Mass: Harvard University Press, 1980), p. 28, define en los nuevos términos críticos, la función del "utterance", del lenguaje: "It is no longer an object, a thing-in-itself, but an *event*, something that *happens* to, and with the participation of, the reader. And it is this event, this happening – all of it and not anything that could be said about it or any information one might take away from it– that is, I would argue, the *meaning* of the sentence." Nótese la similaridad con el concepto paciano de "texto en movimiento" que, aunque nace del estructuralismo y de la semiótica, igualmente reafirma el lenguaje en su aspecto fenomenológico y le accede una importancia vital a la presencia del lector.

No es menos vertiginosa la otra idea que obsesiona a Baudelaire: si el universo es una escritura cifrada, un idioma en clave, ¿qué es el poeta, en el sentido más amplio, sino un traductor, un descifrador? Cada poema es una lectura de la realidad; esa lectura es una traducción; esa traducción es una escritura; un volver a cifrar la realidad que se descifra. El poema es el doble del universo: una escritura secreta, un espacio cubierto de jeroglíficos. (HL, 106)[78]

El poema como analogía del universo da lugar a una paradoja: la pluralidad de autores. Si el universo es un lenguaje cifrado, entonces el verdadero autor del poema no es el individuo que lo compone o traduce, ni el que lo lee, sino el lenguaje mismo. Visualizar el lenguaje como el poder básico que genera poesía implica el poder menoscabado del autor individual. El lenguaje nos pertenece a todos y, por lo tanto, el poema se torna obra colectiva. A la vez, al componer un poema el individuo plasma su visión particular sobre ese universo, interno o externo, que observa. Su poema es único en su esencia espiritual. Dados los mismos factores y circunstancias, no hay dos personas que puedan escribir exactamente el mismo texto. Es más, en virtud de su propio desarrollo, un individuo tampoco podría componer la misma obra en épocas diferentes. La tensión entre la individualidad y la pluralidad que un poema representa es un aspecto que el acto de traducir propone de una manera aún más aguda que la escritura. Si, por un lado, todo traductor interpreta un texto y, al verterlo a otra lengua, le imparte su individualidad hermenéutica, asimismo hay que reconocer que, por otro, todas las traducciones de un texto original, a pesar de las variaciones entre sí, contienen el "meollo" de éste, su tema básico y universal que se filtra de manera ineludible a través de todas sus posibles traducciones.

Además, la edad moderna ha exacerbado la naturaleza plural de la literatura. Si en el pasado hubo cierta "universalidad del espíritu" que sirvió parcialmente como respuesta al sinnúmero de lenguas, la edad moderna, según Paz, destruyó esa seguridad. (TLL, 1; SG, 57) El valor que se otorga actualmente a las diferencias entre individuos, entre naciones y especialmente entre lenguajes, ha surgido, entre otros factores, como consecuencia de los avances de la antropología y de la

---

[78] Más adelante, p. 107, Paz menciona que "la idea del poeta como un traductor o descifrador conduce a la desaparición del autor. Pero no fue Baudelaire, sino los poetas de la segunda mitad del siglo XX, los que harían de esta paradoja un método poético."

lingüística en la primera mitad de nuestro siglo. **Para** entonces se descubrieron culturas adicionales con distintos modos de vida, valores y religiones. **Las** ciencias lingüísticas y antropológicas nos revelaron una visión cada vez más sorprendente sobre la multiplicidad de lenguas, sin mencionar las diferencias intralingüísticas que también se han estudiado en los últimos cincuenta años.[79]

Sin embargo, el concepto unívoco de la literatura se ha mantenido a la par con esta visión fragmentadora del mundo. Los estudios comparados en torno a afinidades literarias han ido descubriendo gradualmente enlaces vitales entre autores de distintas naciones y lenguas. Además, los veloces medios de transporte modernos han hecho posible la comunicación, el trabajo colectivo y el mutuo reconocimiento entre escritores de diversas naciones y lenguas. Queremos recalcar que el impacto del movimiento surrealista ha sido igualmente esencial en la conceptualización de la literatura como obra colectiva. El énfasis en la libertad de la escritura, que surgió como resultado de los estudios de Freud y Jung en la psicología del subconsciente e inconsciente, representó un cambio en el concepto de autor. El valor de la creatividad residía, para los surrealistas, en la imaginación libre del escritor y no en sus destrezas o en el control personal que éste ejerciera sobre su obra. Debido a la libertad y al aparente caos y falta de lógica con que se componía el texto, al lector se le imparte un papel importantísimo en la supervivencia del mismo. Este tiene que llevar a cabo una lectura activa del texto, descifrarlo y reconstruirlo. Debe "completar" la obra con los poderes de su propia imaginación, interpretándola según sus experiencias humanas e intelectuales.[80] Los residuos de esta concepción del arte sobreviven en un gran número de obras contemporáneas, las

---

[79] George Steiner, en "Tongues of Men", *Extra-Territorial*, pp. 122-23, informa sobre la cantidad alarmante de 4,000 o más lenguas en el mundo. Dentro de este contexto, considera que la traducción no es una victoria, sino una necesidad perpetua y todavía sorprendente para el ser humano. Para probarlo, afirma que "We know of no people that does not have in its mythology some variant on the story of the Tower of Babel. This is eloquent proof of men's bewilderment in the face of the multiplicity of tongues..."

[80] En *Solo a dos voces* (Barcelona: Editorial Lumen, 1973), que consiste en un diálogo entre Julián Ríos y Octavio Paz, éste último comenta sus opiniones sobre el surrealismo que aparecen en *Corriente alterna*: "El surrealismo afirmó la supremacía del lenguaje sobre el poeta. Toca a los poetas jóvenes borrar la distinción entre creador y lector: descubrir el punto de *encuentro* entre el que habla y el que oye. Ese punto es el centro del lenguaje: no el diálogo, el yo y el tú, ni el yo reduplicado, sino el monólogo plural – la incoherencia original, *la otra coherencia*. La profecía de Lautréamont: la poesía será hecha por todos." "Abierto o cerrado, el poema exige la abolición del poeta que lo escribe y el nacimiento del poeta que lo lee" (sin paginar).

llamadas "obras abiertas" y, como ya hemos notado, en las teorías
críticas del "reader-response". Lo paradójico de nuestra época es que,
sin embargo, el valor del escritor ha aumentado debido a la gran
importancia de los derechos de autoría y a los beneficios económicos
derivados del éxito comercial.

La dialéctica de la unidad y la pluralidad se observa por igual en
la doble naturaleza del lenguaje. En su aspecto fenomenológico, éste
vibra entre dos tendencias: la de ensanche y la de defensa. Según
Alfonso Reyes, la tendencia al ensanche y "a la lengua internacional"
es sostenida por el trabajo de los intelectuales y por el desarrollo de la
cultura. La formación del "esperanto", por ejemplo, y el establecimiento
de notaciones comunes a todos los pueblos, como son las señales de
tráfico internacionales, ilustran el auge de la semiótica como un modo
de satisfacer las necesidades comunicativas entre todos. Por otro lado,
el ser humano tiende a utilizar el lenguaje como forma de defensa y
hermetismo en contra de los demás, diferentes de sí mismo. Los
distintos idiomas y dialectos de diferentes países y regiones, las jergas
de los grupos sociales, desde los aristócratas hasta el mundo del *lumpen*,
el lenguaje político o científico y hasta el lenguaje infantil, ejemplifican
la necesidad del ser humano de distinguirse lingüísticamente de los
demás para mantener su singularidad como individuo o como miembro
de algún grupo social.[81]

La naturaleza paradójica del lenguaje, aplicada a la poesía,
representa un problema central para el traductor. El lenguaje poético
es, por definición, un idioma cifrado y hermético, reflejo del mundo
interno del poeta, una lengua manipulada de tal modo que no funciona
como instrumento de comunicación cotidiana. Cada palabra, cada frase,
cada ordenamiento sintáctico, obedece a un valor expresivo plasmado
por el poeta y cobra, por lo tanto, una significación única. Si
consideramos un texto traducido como una copia del original, la
traducción de poesía sería un proceso doblemente imposible. Pero si
la traducción se conceptualiza como una metáfora del original, como su
recreación o "ecuación verbal", entonces sí es posible a pesar de la
naturaleza hermética del lenguaje. De aquí que Paz considere la

---

[81] Para un análisis lúcido sobre estas ideas, véase Alfonso Reyes, *El deslinde*
(México: El Colegio de México, 1944), pp. 176-177, y del mismo autor el ensayo
"Hermes o de la comunicación humana", *La experiencia literaria* (Buenos Aires:
Editorial Losada, S. A., 1942), p. 31. George Steiner, en *After Babel* (New York y
Londres: Oxford University Press, 1977), pp. 31-109, reafirma la naturaleza hermética
del lenguaje sobre su tendencia comunicadora, y por lo tanto está en desacuerdo con
los esfuerzos de Noam Chomsky de encontrar una gramática universal común a todas
las lenguas.

traducción tanto metonimia como metáfora de un texto: metonimia por ser una "descripción indirecta" del original, y metáfora por ser "ecuación verbal" (SG, 60).

Además, su concepto de la poesía como lenguaje que nos devuelve a la unidad primordial del ser humano reafirma el hecho de que un poema se puede trasladar a otras lenguas distintas a aquélla en la cual se produjo.[82] El lenguaje poético es un fenómeno universal ya que se nutre de la pasión y de la sensibilidad humanas, aspectos de su naturaleza que continúan y continuarán formándolo a través de todos los cambios sociales posibles, y acaso a despecho de éstos. La recreación de esos sentimientos que sirven como motor de la creación poética, posibilitan un diálogo sincrónico entre naciones, y diacrónico, entre épocas, que conducen al que traduce, como al que lee sus traducciones, a un conocimiento más profundo de sí mismo mediante la transcripción de una poesía lingüísticamente distinta, pero de alcance universal en su fondo humano. De suma importancia para nosotros es la definición paciana del traducir como un proceso en que "cambiamos aquello que traducimos y, sobre todo, nos cambiamos a nosotros mismos". (SG, 135)[83] El desarrollo ontológico dimana del diálogo implícito que se establece entre la voz del otro, de otro momento histórico, lugar y lengua, y la voz del que traduce quien, en su empeño por recrear un texto anterior, mantiene una continuidad con su pasado "al transformarlo en diálogo con otras civilizaciones" (SG, 135).[84]

---

[82] En *Los hijos del limo*, pp. 59-60, Paz describe su concepción de la poesía como tal: "...la poesía moderna, desde los prerrománticos, busca fundarse en un principio anterior a la modernidad y antagónico a ella. Ese principio, impermeable al cambio y a la sucesión, es el comienzo del comienzo de Rousseau, pero también es el Adán de William Blake, el sueño de Jean-Paul, la analogía de Novalis, la infancia de Wordsworth, la imaginación de Coleridge. Cualquiera que sea su nombre, ese principio es la negación de la modernidad. La poesía moderna afirma que es la voz de un principio anterior a la historia, la revelación de una palabra original de fundación. La poesía es el lenguaje original de la sociedad – pasión y sensibilidad – y por eso mismo es el verdadero lenguaje de todas las revelaciones y revoluciones. Ese principio es social, revolucionario: regreso al pacto del comienzo, antes de la desigualdad; ese principio es individual y atañe a cada hombre y a cada mujer: reconquista de la inocencia original."

[83] Al definir así la traducción, el poeta mexicano menciona que sólo durante la edad moderna se ha tenido una conciencia de este arte como instancia de cambio ontológico. A través de tal conciencia se plasman nuestras ideas modernas sobre el traducir. En América Hispana, hemos podido notar esta dirección y cambio desde la época del modernismo, en particular en la obra de Guillermo Valencia.

[84] En el prólogo a *Renga*, Paz nos describe lo que él y tres otros poetas intentaron lograr con el método antiguo oriental "renga". No sólo lograron establecer un diálogo con el pasado, y entre civilizaciones, sino que han asegurado, hasta cierto punto, la supervivencia de tal método. Además, la nueva experiencia de creación poética ha sido

Si la práctica de la traducción refleja la unidad poética posible a través de los cambios históricos y lingüísticos, asimismo ilustra el ritmo rápido del cambio que caracteriza al período moderno. La modernidad es "la conciencia del cambio", dice Paz, y debido a esto, representa la condición heterogénea y plural a la que está condenada (HL, 16; SG, 37). El sinfín de traducciones que se han publicado durante las últimas décadas del siglo XX, sin mencionar la rapidez con que se invalidan debido al surgimiento de otras traducciones posteriores y tal vez más abarcadoras en cuanto a su interpretación del original, demuestran el ritmo acelerado al que gira nuestro mundo literario. La abundancia de antologías bilingües es también síntoma de la velocidad y proliferación con que surgen las traducciones literarias. Cabría mencionar aquí el fenómeno del texto traducido que se publica casi a la par con el original, como ejemplo de la rapidez con que se consumen ambos.[85]

El escritor moderno asume, pues, una conciencia de estos cambios ontológicos, tecnológicos y sociales. Su voz sirve como conciencia colectiva del mundo en que vivimos. Paz, por ejemplo, no sólo es poeta, sino que en sus ensayos y en su crítica intenta examinar la realidad del siglo XX, presentando al lector un retrato colectivo del mundo occidental en su literatura y en su arte. Al igual que Cortázar, su obra también cumple una función crítica en cuanto que problematiza las bases de nuestras culturas. *El laberinto de la soledad* es excelente ejemplo de un ensayo que sirve como espejo de la sociedad mexicana, ya que logra hacer una crítica – en el sentido de seleccionar e interpretar, como en el término en inglés, *to critique* – de los aspectos principales de esta cultura que reflejan cualidades comunes en los mexicanos. En realidad, Paz utiliza la poesía y el ensayo como vehículos de crítica. En su obra existe una íntima fusión entre ambos géneros. Su poesía es una poesía de ideas, en la que desarrolla los mismos temas apasionantes de sus ensayos, y en la que propone un profundo y complejo análisis de la realidad.[86]

Si el escritor es la conciencia del cambio de una sociedad, la literatura debe reflejar estos cambios no sólo en su contenido temático – que definiría la literatura en su función social o política – sino en su

---

de gran valor a cada uno de estos poetas en su propio desarrollo.

[85] Véase la referencia anterior al caso de las novelas de Carlos Fuentes, que hoy día se traducen casi simultáneamente a la publicación y preparación del original. Cf. Nota 20 de nuestra introducción.

[86] Para un examen sobre la mezcla de géneros y, en particular del *Mono gramático* como ejemplo de tal hibridización, véase Jaime Alazraki, "Tres formas del ensayo contemporáneo: Borges, Paz, Cortázar" en *Revista Iberoamericana*, 118-119 (Enero-Junio, 1982): 9-20.

estructura y lenguaje. ¿Cómo logra el escritor definir tal conciencia?
Sirviendo como crítico de la cultura a la que pertenece y, por otro lado,
creando una literatura que sea una *mediación* entre el autor, y el otro,
el lector. La literatura moderna sirve como puente en un sentido
epistemológico. La lectura de un texto es equivalente al proceso de
significación vital en todo ser humano. El papel activo del lector es
necesario para que la literatura cumpla su objetivo. El texto se torna,
pues, en una alternativa a la realidad. El lector descifra el mundo a su
alrededor, otorgándole un significado propio para así poder conocerlo.
Establece con su mundo y con los demás un diálogo silencioso de
significados. A través de este movimiento e intercambio dialéctico, el
ser humano define su existencia y la de su mundo. Analógicamente, el
lector le otorga al texto un significado personal, único en cada lectura:
es función de la suma de sus experiencias vitales, de sus sensibilidades,
emociones y personalidad, del momento específico en que percibe el
texto y de la época histórica en que vive.

La literatura, en este sentido, es una traducción de la realidad. El
escritor "traduce" o transforma la realidad que percibe o que siente en
un lenguaje, en palabras. La creación literaria como proceso de otorgar
significados implica un movimiento dual. Hay una comunicación entre
la realidad, motivo para la creación, y el que la expresa y recrea, el
autor. El concepto de la traducción en este sentido tiene valor
epistemológico: es una mediación hacia el conocimiento, un proceso de
intercambio de significados. Ya Alfonso Reyes, Octavio Paz y George
Steiner, entre otros, han definido el arte moderno como un proceso,
tanto para el artista como para el espectador o lector, que refleja la
misión ontológica del hombre de descodificar y recodificar el sistema de
signos que lo rodea (TLL, 9).[87]

---

[87] En "Presencia y presente...", p. 34, Paz también se refiere al fenómeno de
"significación" en términos de las artes plásticas durante la época moderna: "Las
relaciones entre el espectador y la obra sufren una inversión radical: la obra ya no es
una respuesta a la pregunta del espectador sino que ella misma se vuelve interrogación.
La respuesta (o sea, la significación) depende del que contempla el cuadro." Las ideas
de George Steiner, "Translation is the perpetual, inescapable condition of signification",
After Babel, p. 260, y de Alfonso Reyes reafirman en términos estéticos la importancia
del papel de la traducción en la cultura moderna: "Así, el lector se forja una imagen
de su lectura en que necesariamente pone algo de sí mismo y en la que hasta puede
haber divergencias respecto a la imagen que le ha sido propuesta. Si ya toda percepción
es traducción, mucho más cuando el filtro es la sensibilidad artística." En *El deslinde*,
p. 13. También en "Apolo o de la literatura", ensayo que forma parte de *La experiencia
literaria*, p. 88, Reyes define el proceso de significación como traducción: "Lo primero
es penetrar la significación del texto [...] Hay que saber traducir." Si tomamos en cuenta
la influencia de Reyes en el pensamiento de Paz, y la admiración de éste por el
humanista mexicano, no es sorprendente que ambos exhiban visiones tan afines sobre

Así, la poesía puede manifestarse como un instante de autoconocimiento para el que escribe, lee o traduce; el conocimiento del otro da lugar al conocimiento de uno mismo. Dentro de este contexto, Paz va más allá de lo epistemológico y declara que el autor se hace a sí mismo a la vez que hace poesía:

> El poema no sólo es una realidad verbal: también es un acto. El poeta dice y, al decir, *hace*. Este hacer es sobre todo un hacerse a sí mismo: la poesía no es autoconocimiento sino autocreación. El lector, a su vez, repite la experiencia de autocreación del poeta y así la poesía encarna en la historia. En el fondo de esta idea vive todavía la antigua creencia en el poder de las palabras: la poesía pensada y vivida como una operación mágica destinada a *transmutar* la realidad. (HL, 91-92)

La poesía es acto, ya que representa un modo por el cual el poeta puede autodefinirse. "Quizá el verdadero nombre de la creación sea *reconocimiento*", nos dice Paz en referencia a la obra de Tamayo (SG, 183).[88] Un reconocimiento del otro que inspira el reconocimiento del ser, un diálogo de voces entre el ser (poeta) y el otro (mundo o texto) que da lugar a un cambio interior, ya sea en la perspectiva del autor sobre el mundo, sobre su ser o sobre la poesía.

La "estética activa", según las palabras de Paz, es análoga al proceso de traducir. El traductor lee y percibe un poema escrito por otro. Durante su lectura y relectura del texto, encontrará temas, figuras e imágenes que correspondan a su propia sensibilidad poética. Puede identificarse con el poeta original para luego traducirlo y, de hecho, hasta cierto punto *se debe* identificar con el primer autor para poder lograr una traducción más fiel, honesta y completa, asumiendo su personalidad y su mundo lingüístico y expresivo. Es como si el que traduce se reencarnara en el primer autor, tratando de recrear su mundo interno para transponerlo al suyo propio, escuchando "la voz de la otredad" que es, a su vez, su propia voz. (HL, 207) Durante este proceso el traductor descubre algo nuevo sobre sí mismo. Al encarnar

---

este tema.

[88] En su resumen de la obra de Paz que sirve de introducción a *Solo a dos voces*, Julián Ríos describe la estética paciana como "una voluntad de diálogo" que se puede resumir en la palabra "reconocimiento". Es decir, el diálogo entre el mundo y el poeta, entre el otro y el ser, da lugar al reconocimiento tanto del otro como del ser, a la distinción e identificación entre ambos.

metafóricamente otra personalidad, se revela algún aspecto suyo, tal vez desconocido hasta entonces.

No es de extrañar que el autorreconocimiento poético sea la función principal de la traducción en el siglo XX. Según Renato Poggioli, el acto de traducir se puede condensar en una palabra, empatía:

> Through the shock of a recognition primarily psychic in quality, the translator suddenly finds that a poem newly discovered, or discovered anew, offers him an exemplary solution for his own formal problems, as well as an expressive outlet for his subjective *Erlebnis*. [...] If this is true, then translation is, both formally and psychologically, a process of inscape, rather than of escape; and this is why, of all available aesthetic concepts, the best suited to define the activity and the experience of the translator is that of *Einfühlung* or "Empathy", which must not be understood merely as the transference of an emotional content. The foreign poem is not merely an object, but an archetype, which provokes an active spiritual impact.[89]

Entre traductor y texto se establece una empatía que da lugar, en cuanto a posibilidades expresivas, a un estímulo tanto espiritual como formal en el traductor. Tal proceso es esencial, especialmente para el poeta que traduce, ya que éste utiliza la traducción como un camino más en su desarrollo, como una nueva posibilidad de estímulo poético, y como un modo alterno de creación. El original no sólo sirve de modelo, sino que también sirve como materia prima para la creación de un nuevo poema; por eso, éste es tan propio del que lo traduce como del primer autor. Un ejemplo ilustre de este fenómeno de "empatía" fue la relación obsesiva de Baudelaire con Edgar Allan Poe. Paz ha dicho que "Más que una invención, Poe es una traducción de Baudelaire; mientras traduce sus cuentos, se traduce a sí mismo. Poe es Baudelaire". En este caso, Paz emplea el verbo *traducir* en todas las connotaciones epistemológicas que hemos explorado hasta ahora. Más reciente es el caso de la identificación apasionada que experimentó el

---

[89] Renato Poggioli, "The Added Artificer" en *On Translation*, ed. Reuben Brower, (Cambridge: Harvard University Press, 1959), pp. 141-42. Más adelante, Poggioli describe el proceso de traducción y "empatía" como un modo de transferencia, en su sentido psicológico. Cualquiera que sea su nombre, este factor es esencial cuando definimos el traducir como un proceso de significación.

poeta norteamericano Clayton Eshleman con la obra de César Vallejo; aquél ha confesado que "The act of translation became the act of translating myself into English." Ambos ejemplos demuestran la importancia psicológica y ontológica de la traducción para el poeta que también traduce, ya que se actualiza el autodescubrimiento a través del otro.[90]

Para Octavio Paz, la esencia civilizadora de la traducción reside en su potencial epistemológico. Aunque el cambio y la originalidad propias del poeta-traductor son resultados inevitables e inconscientes en toda recreación literaria, Paz subraya la objetividad y el respeto hacia el texto original como uno de los ideales del traductor. La "veneración" del texto "exige" la fidelidad. Gracias a este respeto por lo diferente, por el otro, la traducción cumple su tarea civilizadora. Al traductor reconocer lo otro, se "obliga a reconocer que el mundo no termina en nosotros y que el hombre es los hombres".[91] (SG, 162)

A través de este diálogo de voces entre el ser y el otro, la literatura, la poesía y la traducción hacen posible el reconocer la universalidad del ser humano. En este sentido, el arte de la traducción es un modo de experimentar, aunque momentáneamente, esa unidad tan verbalizada, pero poco vivida entre los seres humanos. Por otro lado, la rápida proliferación de traducciones refleja la época moderna que nos ha llevado a formas de vida y a un ritmo acelerado de cambios en el cual corremos el peligro de perder nuestra identidad humana.

En resumen, el ejercicio de la traducción es una metáfora del cambio y continuidad que la poesía asimismo representa. Cambio y pluralidad, continuidad y unidad: entre estas dos polaridades fluctúa la traducción.

***

---

[90] En cuanto a Baudelaire y Poe, véase *Los hijos del limo*, p. 160. Tres textos del poeta-traductor norteamericano Clayton Eshleman, un poema, una carta y un ensayo corto titulados "Translating César Vallejo: An Evolution", *Tri-Quarterly*, 13-14 (otoño-invierno, 1968-69). 55-82, son evidencia de la identificación obsesiva de Eshleman con Vallejo.

[91] Estos comentarios sobre el efecto civilizador de la traducción surgieron en referencia a Ezra Pound y al método ideogramático de creación poética. Paz critica a Pound ya que éste no fue en realidad un traductor en el sentido epistemológico, sino que, debido a sus actitudes políticas, no llegó a reconocer el valor de lo "otro", de las demás culturas, lenguas y tradiciones poéticas que incrustó en su poesía. Por lo tanto, según Paz, su método ideogramático no es en realidad una traducción de otras culturas, ni un texto plural, sino mera yuxtaposición.

En los últimos treinta años han comenzado a aparecer traducciones acompañadas de comentarios por sus respectivos traductores que ofrecen una interpretación del original y en muchos casos describen los problemas con los que ellos se enfrentaron en dicho proceso. Algunas publicaciones, como *Mallarmé entre nosotros* (1955) de Alfonso Reyes, *Traducción: literatura y literalidad* (1971) de Octavio Paz, *Leaping Poetry* (1975) de Robert Bly, y el más reciente, *The Way to Macchu Picchu: Translating Neruda* (1980), de John Felstiner, demuestran, por un lado, el interés que ha cobrado la traducción como un proceso literario autónomo y, por otro, la conexión vital que existe entre la hermenéutica y este arte. El oficio del traductor implica el del crítico. En sus traducciones, aquél nos ofrece una interpretación personal, una lectura del texto. Además, interpretar constituye el primer paso esencial para este proceso. En *Traducción: literatura y literalidad*, Paz se inscribe en la compañía de poetas y escritores cuyas traducciones asumen un valor hermenéutico.

Cada una de las obras citadas refleja, de cierto modo, la personalidad, las ideas y preocupaciones de cada uno de sus autores. La obra de Alfonso Reyes, por ejemplo, demuestra el celo humanista y filológico con que el pensador mexicano produjo sus traducciones y ensayos. Su interés por el significado y etimología de cada palabra, las sutiles diferencias semánticas producidas por cambios en la puntuación, la exactitud con que mide, estudia y reconstruye la estructura de sus versos, son sólo algunas de las facetas con que Reyes se aproxima a la poesía de Mallarmé.[92]

Leaping Poetry, la colección de traducciones al inglés de poesía extranjera, de Robert Bly, refleja el interés del poeta norteamericano por introducir nuevos estilos alternos en la poesía de su país. Para Bly, la obra de Neruda, Lorca y Vallejo, tres de los cinco poetas hispanos a quienes traduce, representa un tipo de poesía que "salta", en sentido metafórico, debido a la preponderancia de imágenes basadas en la intuición, imaginación e irracionalidad. Los ensayos que acompañan estas traducciones son propuestas personales cuyo objetivo es estimular a los poetas jóvenes norteamericanos para que experimenten con estos otros tipos de modos expresivos. Para Bly, sus traducciones forman

---

[92] En sus comentarios sobre las traducciones de Mallarmé que aparecen en *Mallarmé entre nosotros*, 2a ed., (México: Tezontle, 1955), Alfonso Reyes exhibe una constante preocupación por la forma y el lenguaje de sus textos, y por la técnica poética de Mallarmé y la suya como traductor.

parte de un programa, de una nueva estética como alternativa al estilo discursivo y lógico de los poetas norteamericanos en general.[93]

Traducción: literatura y literalidad, obra muy paciana, consiste en ensayos en los que su autor, mediante el análisis de algunos textos de sus poetas favoritos, medita sobre la naturaleza de la poesía moderna y sobre los temas y estilos poéticos afines a su propia obra.[94] Más aún, observamos en este libro, como en *El signo y el garabato* (1973), obra en que se repite bastante del mismo material, que tanto la crítica como la traducción son modos utilizados por su autor en la búsqueda de sí mismo y de su propia poética. A través del reconocimiento de las ideas afines de otros poetas, Paz logra definir y redefinir sus propias preocupaciones literarias.

No es sorprendente, pues, que éste haya traducido a poetas que han tenido gran influencia en su propio desarrollo poético: Mallarmé, Apollinaire, Cummings y hasta John Donne. La presencia de los poemas originales se disipa, hasta cierto punto, más que en las traducciones pacianas, en las ideas expuestas en los comentarios subsiguientes. Los ensayos discurren sobre los temas y estilos básicos a su obra poética: por ejemplo, en el ensayo sobre Cummings, Paz indaga en el tema del amor en la poesía. Unos comentarios como los siguientes, sacados fuera de contexto, nos recuerdan las observaciones críticas que se han hecho sobre la poesía misma de Paz:

> Hay un punto de convergencia entre los enamorados y el mundo: el poema. Allí los árboles se abrazan, la lluvia se desnuda, la muchacha reverdece, el amor es un rayo, la cama una barca. El poema es un emblema del lenguaje de la naturaleza y los cuerpos. El corazón del emblema es el verbo: la palabra en movimiento, el motor y el espíritu de la frase. Conjugación de los cuerpos, copulación de los astros: el

---

[93] Robert Bly, *Leaping Poetry: An Idea with Poems and Translations* (Boston: Beacon Press, 1975). Los ensayos sobre los poetas hispanos, Lorca, Vallejo, Jiménez, Neruda y Blas de Otero, valorizan la naturaleza asociativa de sus poemas. Bly también presenta traducciones de poetas suecos como Gunnar Ekelöf y Tomas Transtiömer, además de algunos poetas jóvenes norteamericanos que han logrado crear una poesía de asociación imaginativa, en vez de mantenerse en la tradición de la poesía narrativa y secuencial norteamericana.

[94] No es de extrañar que Paz utilice el ensayo para meditar sobre su propia poesía y poética. Véase la nota 14 de este capítulo sobre las relaciones entre su ensayo y poesía. Es común calificar la obra de Paz como círculos concéntricos, ya que cada uno de sus libros representa un meditar más, un gradual desarrollo y expansión de sus ideas básicas expuestas desde sus primeras obras. Tanto el ensayo y la poesía como la traducción son caminos de expresión estética para Paz.

lenguaje resuelve todas las oposiciones en la acción metafórica
del verbo. La sintaxis es una analogía del mundo y de la pareja.
(TLL, 74)

Tal cita podría ser fácilmente una descripción de dos poemas de Paz
–recordemos *Piedra de sol* (1957) y "Viento entero" (1965)– en que
los enamorados funcionan como una analogía del mundo. Pero
volvamos al texto sobre Cummings. Al análisis temático sobre su poesía,
le sigue un recuerdo sobre el poeta norteamericano: el relato de una
visita de Paz a Cummings. Es definitivamente un retrato personal y no
un ensayo crítico común.

De Apollinaire, Paz traduce "El músico de Saint-Merry". El ensayo
que complementa la traducción es mucho menos personal en tono que
el dedicado a Cummings pero, aun en su formato crítico, Paz reafirma
ciertas afinidades estéticas que comparte con el poeta francés. El poema
de Apollinaire es un ejemplo perfecto de la poesía simultaneísta tan
comentada y analizada por el mexicano, es decir, de un "texto en
movimiento":

En el poema el centro de atracción no son las relaciones entre
los objetos *sobre* una tela inmóvil sino en un texto en
movimiento. El texto es temporal: las cosas no están sobre el
espacio sensible del cuadro sino que se deslizan en la página.
En verdad no vemos pasar las cosas: vemos que las cosas pasan
por el poeta–que también pasa. El yo del poeta, ya sea que
use la primera o la tercera persona, es el espacio en que
suceden las cosas. (TLL, 60)

Estas palabras reflejan la estética central de Paz. Poemas como *Blanco*
y los *Discos visuales* encarnan las ideas que el escritor mexicano expuso
en su artículo "Los signos en rotación". Allí, Paz analiza la poesía
moderna como poesía en movimiento debido a la presencia de las
palabras como signos que constantemente cambian de significado
debido a sus posibilidades combinatorias, a la falta de puntuación, y al
nuevo valor semántico del espacio y de la página. En general, su análisis
sobre Apollinaire demuestra las afinidades entre ambos poetas. Aunque
centrado mayormente en las oposiciones femeninas y masculinas del
poema francés, en el contexto y en el lenguaje, y en la figura del poeta
profeta y vidente, dicho enfoque estructuralista recoge la visión paciana
de la poesía contemporánea al igual que la de su propia obra poética.

El ensayo más objetivamente crítico y técnico de todos tal vez sea
el comentario sobre el "soneto en ix" de Mallarmé. Debido a la

dificultad y hermetismo del texto original, Paz dedica un ensayo bipartito bastante extenso al análisis del poema y luego a su traducción. Analiza aquí la estructura original del soneto mallarmeano como inversa a su patrón tradicional métrico. Paz alude a la estructura autorreflexiva del poema, en que ciertas palabras e imágenes sirven como reflejos unas de las otras. Existe, pues, un "repliegue y despliegue" entre las imágenes mismas, en la factura interna del soneto, que ofrece al lector claves para interpretarlo. Parece ser que este aspecto del soneto, su naturaleza autorreflexiva, es lo que le ha interesado más a Paz. Asimismo evalúa el patrón de la rima en el original, único elemento del texto francés que Paz no logra transferir al español debido a la imposibilidad de nuestra lengua de rimar palabras terminadas en "ix".[95] Sin embargo, la versión de Paz mantiene con éxito el ritmo de los alejandrinos de Mallarmé. Crea una sintaxis barroca mediante el empleo del hipérbaton que se acerca al efecto de la sintaxis hermética del original. Asimismo, utiliza neologismos como "lampadóforo" y equivalencias verbales ("abolit bibelot"/"espiral espirada") basadas en el conocimiento exacto del significado y etimología de los vocablos franceses. Su traducción de este soneto mallarmeano es un éxito técnico y analítico. La pasión de Paz se expresa en su interés absoluto por la estructura y el sistema interno con que funciona el poema. En este espíritu objetivo y estructuralista, Paz se acerca como traductor y crítico a la obra de corte humanista de un Alfonso Reyes.

Nos queda por mencionar la traducción del poema de John Donne y su ensayo complementario. Aunque es el primero en el libro, lo hemos dejado para el final ya que Donne representó en su época la síntesis entre la "pasión y reflexión" que hoy día Paz ha personificado

---

[95] El no traducir el patrón de la rima no sólo es consecuencia inevitable de las diferencias lingüísticas, como en este caso, sino también una decisión de valor estético. En general, el traductor que trata de mantener el patrón original de la rima en sus textos termina, por ende, sacrificando otros aspectos esenciales del poema original. Según Michael Wood en su artículo "Beautiful and Damned", *The New York Review of Books*, 29:19 (Dec. 2, 1982): 16-20, la rima es la tirana de la traducción. Al comentar las traducciones al inglés de Baudelaire de Roy Campbell, dice: "he chooses to rhyme throughout, as Baudelaire did, and rhyme is a terrible tyrant in translation. It has a way of bending syntax and blurring meaning, and of calling up words a modern writer would not otherwise use...". Por otro lado, la traducción de Richard Howard, reseñada por Wood, es más acertada ya que, aunque no rima, goza de otros recursos poéticos como asonancia, aliteración, repeticiones y alusiones que ayudan a crear un poema de mejor factura en inglés.

para otros poetas.[96] La conciencia de su dualidad como ser humano invita a Paz a traducir al poeta metafísico y a descubrirse a sí mismo en la obra de éste. Su deslumbramiento ante los barrocos y los metafísicos surge de esa necesidad de síntesis, que a la vez implica dualidad y que motiva el pensamiento del poeta mexicano: la dialéctica entre la pasión y el raciocinio, entre la vida y el mirarse vivir, entre nuestros actos y la reflexión sobre ellos. Si el estilo de Donne "es una conciencia", el lenguaje poético de Paz también representa una expresión similar de esa conciencia. Sus pensamientos, preocupaciones, pasiones y sensibilidad poética se funden en sus traducciones, ensayos y poemas. En la obra aquí discutida, Paz se examina a sí mismo mediante el análisis de otros poetas afines a él. Como lectores, podemos acercarnos a estos ensayos tanto como análisis críticos de los poemas ajenos, cuanto como reflexiones personales de Paz en las que descubrimos el mundo interior del poeta, al igual que el nuestro propio. *Traducción: literatura y literalidad*, pues, es una obra en que Paz sintetiza la teoría (no dejemos de mencionar el ensayo introductorio en que expresa sus ideas sobre el proceso de traducir) con la práctica. Igualmente realiza una síntesis entre el papel del traductor y el del crítico. Sus ensayos complementarios a las traducciones poéticas sirven, a la vez, como traducciones, en el sentido metafórico, de sus ideas estéticas y literarias. Mediante el reconocimiento del otro, ya sea en sus ensayos críticos o en sus traducciones, Paz se reconoce a sí mismo.

* * *

Versiones y diversiones (1974) representa la otra cara de la moneda. En esta colección de versiones poéticas, Paz ejemplifica la síntesis entre el papel del poeta y el del traductor. El autorreconocimiento poético se posibilita mediante la traducción creadora de otros textos. Paz no se aproxima a ellos como un crítico; simplemente los publica como "versiones" personales de las obras de una ancha gama de poetas franceses, ingleses, norteamericanos, portugueses y orientales.

---

[96] ¿Sería coincidencia afirmar que si John Donne representa para Paz la síntesis de la "pasión y reflexión", Paz ha hecho lo mismo para algunos poetas contemporáneos? Muriel Rukeyser, quien ha traducido su poesía al inglés, ha encontrado en ella "the meeting-place of fever and the cold eye, in a passion which could hold together with his own arms the flying apart of his own time." 1963 Foreword, Octavio Paz, Muriel Rukeyser et al. trads., *Early Poems 1935-1955* (New York: New Directions, 1973).

Aunque en el prólogo el poeta mexicano niega cualquier valor informativo de este libro para los fines de la crítica, y presenta la colección de traducciones como un resultado de "la pasión y de la casualidad", hay un detalle importante que revela su naturaleza concienzudamente poética. Al final del prólogo, Paz nos confiesa: "...por eso no he incluido los textos originales: a partir de poemas en otras lenguas quise hacer poemas en la mía".[97] Aquí se descubre la intención poética de su labor como traductor. No le interesa presentarnos traducciones en el sentido limitado de dar a conocer la obra de autores extranjeros (lo que hasta cierto punto logra en su obra *Traducción: literatura y literalidad*, ya que aquí sus ensayos y sus traducciones existen en función del autor original, como un estudio de la poesía y la persona de estos autores), sino que utiliza el ejercicio de la traducción como punto de partida para la creación poética. Los poemas extranjeros son análogos al mundo y a la materia prima que el poeta normalmente aprehende en su poesía; es decir, éstos representan un nuevo lenguaje con el que Paz creará sus versiones. Al igual que Guillermo Valencia durante el modernismo, Paz encuentra en el proceso de la traducción un modo alterno de crear poesía.

Como en el caso de Valencia, la síntesis de las funciones del poeta y del traductor que ilustra el acto de traducir, implica cambios necesarios al establecer nuestros criterios de evaluación. Debemos examinar las versiones de Paz como parte de su propia creación poética y no como textos subordinados al original. El mismo sugiere este cambio de valores de varias maneras. Como ya hemos mencionado, en el prólogo expresa su resistencia en contra de que la obra se estudie desde un punto de vista informativo o crítico. Considera que *Versiones y diversiones* no es un libro sistemático sino lúdico, como su título, "diversiones", ya sugiere. Por otro lado, la selección del término "versiones" en vez de "traducciones", propone lo siguiente: (1) que sus textos se acercarán más a la poética de Paz que a la del poeta original; y (2) que Paz ha vertido estos poemas al español interesado en el proceso mismo de traducir más que en las versiones como productos acabados.

A diferencia de algunos poetas contemporáneos que reniegan sobre la imposibilidad de traducir poesía, Paz cree que la poesía sí es traducible, pero solamente cuando "los significados connotativos pueden preservarse si el poeta-traductor logra reproducir la situación verbal, el

---

[97] Octavio Paz, *Versiones y diversiones*, 2a ed., (México: Joaquín Mortiz, 1978), p. 7. De aquí en adelante, las referencias a esta edición aparecerán en el texto con la inicial VD seguida del número de la página correspondiente.

contexto poético en que se engastan". (TLL, 62) A diferencia de la tendencia "abusiva" de un Guillermo Valencia, Paz se mantiene fiel al contexto del poema original y a la naturaleza singular de las imágenes, metáforas y recursos poéticos presentes en éste. No crea versiones infladas ni se desvía excesivamente del original en cuanto a la cantidad de las imágenes poéticas. Es imprescindible recordar, en el nivel teórico, que el poeta mexicano distingue entre el valor de la traducción y la de la creación poética. Paz ha comentado que "en la realidad, pocas veces los poetas son buenos traductores. No lo son porque casi siempre usan el poema ajeno como un punto de partida para escribir su poema". (TLL, 64) Si, por un lado, Paz examina la importancia de la función creadora y poética del acto de traducir, ahora parece establecer una dicotomía entre ambos procesos. Pero esto no es contradictorio, sino todo lo opuesto. Es una prueba más de la profundidad y agudeza con que Paz ha meditado sobre la traducción literaria, tanto en su aspecto teórico como en su *praxis*. Nótese el empleo de "traducir", en oposición al papel creador del poeta, y el hecho de que Paz encabeza su obra con el concepto de "versiones". La función general del traductor es la de presentar a un nuevo público una obra ajena, extranjera o desconocida. Para lograrlo, el cambio es inevitable. A la vez, debido a esta inevitabilidad, el traductor debe tratar de construir un segundo texto que refleje lo más fielmente posible al primero. En cuanto a la exigencia de que el traductor ofrezca continuidad y sinceridad literaria, Paz reconoce el valor de las traducciones fieles.

En la práctica, sin embargo, el poeta mexicano reconcilia la fidelidad imprescindible del traductor y la libertad creadora innata en el poeta. Sus textos en *Versiones y diversiones* ilustran una síntesis feliz de ambas funciones. Si en sus experimentos para integrar estas dos vertientes literarias un Valencia no llegó a encontrar un equilibrio entre ambas, Paz nos demuestra que el poeta contemporáneo puede lograrlo. El control y la pasión, la actitud clásica y la romántica, el traductor y el poeta, se cuajan en una obra de rigor literario sin ahogar la pasión ni el impulso poético.

Al igual que en *Traducción: literatura y literalidad*, la selección de poetas en *Versiones y diversiones* indica el interés de Paz por ciertos poetas que han tenido gran influencia en su propia obra o que han sido de suma importancia en el desarrollo de la poesía moderna. Los autores representados en este libro tienen un rasgo en común: todos son escritores que han forjado un nuevo lenguaje poético en la tradición a la que pertenecen. Por un lado, los franceses son mayormente precursores de la poesía moderna o surrealista como Apollinaire, Mallarmé, Reverdy y Bretón, figuras claves en el desarrollo no sólo de la poética contemporánea sino también de la hispanoamericana. Entre los norteamericanos, Paz traduce a Pound, quien introdujo el modo "ideogramático" de creación poética, a Cummings, quien revolucionó la lectura tradicional de la poesía mediante el empleo del espacio y la ausencia de puntuación, y a William Carlos Williams, quien abogó por hacer poesía del lenguaje coloquial y de la infrahistoria, del diario vivir. Estos son sólo algunos ejemplos del interés de Paz por figuras que han representado preocupaciones y direcciones poéticas similares a la suya: en resumen, aquellas personalidades cuyas obras constituyen la búsqueda de un nuevo lenguaje.

En este sentido, se puede afirmar que *Versiones y diversiones* encarna el potencial de la traducción como vehículo de autorreconocimiento poético mediante el reconocimiento del otro. La gran cantidad de traducciones que Paz publica en esta obra no puede sino sugerir que éste encontró ciertas afinidades en los poemas y poetas seleccionados. Sin embargo, el criterio cuantitativo en sí no es evidencia suficiente. Un análisis detallado de varias versiones demostrará que el poeta mexicano traduce con fidelidad de contenido y espíritu los poemas extranjeros y que, a la vez, sus versiones ilustran los conceptos personales de Paz sobre lo que es la poesía y la dirección estilística que su propia obra ha tomado. Las divergencias mínimas ejercidas por el poeta mexicano dan lugar a poemas que, en su contexto, reflejan los temas originales, pero que, en su estética, corresponden a su obra poética.

Las versiones de tres poemas de Elizabeth Bishop ejemplifican los tipos de cambios que Paz ejerce en los textos originales. Cabe mencionar que el interés de Paz por la obra de Bishop ha sido estimulado no sólo por sus lecturas, sino por la mutua amistad entre ambos escritores. Este caso es bastante singular ya que representa una relación entre dos poetas que se leyeron, tradujeron e interpretaron mutuamente. Bishop estuvo muy familiarizada con la poesía latinoamericana, en particular con la del Brasil, donde vivió por varios años. Tradujo al español la poesía de Carlos Drummond de Andrade y de otros poetas brasileños, al igual que varios poemas de Octavio Paz.[98] Ello representa para nosotros una dificultad ya que, en nuestro interés por investigar las convergencias entre estas dos figuras, podemos

---

[98] Véase Elizabeth Bishop, *The Complete Poems* (New York: Farrar, Straus and Giroux, 1969). Las traducciones de los poemas de Paz hechas por la poeta norteamericana, frutos de un esfuerzo de colaboración entre ambos, no aparecen en esta edición, sino en la más reciente, *The Complete Poems, 1927-1979* (New York: Farrar, Straus and Giroux, 1983).

caer en la falacia de inferir ciertas afinidades y paralelismos literarios justificándolos bajo la circunstancia biográfica. Pero en este caso, tenemos prueba de que la amistad ha sido reafirmada, si no motivada, por una afinidad y admiración mutua. El artículo de Paz titulado "Elizabeth Bishop: el poder de la reticencia" delata el alto respeto que le tiene el mexicano a la obra de esta poeta.[99]

Paz descubre en la poesía de Bishop "los poderes inmensos de la reticencia". Su obra ejemplifica la función expresiva del silencio en la significación poética, tema que, como ya sabemos, ha apasionado a Paz como crítico y en su propia producción poética. Según él:

Hemos olvidado que la poesía no está en lo que dicen las palabras sino en lo que se dice entre ellas: aquello que aparece fugazmente en pausas y silencios [...] Oigamos a Elizabeth Bishop, oigamos lo que nos dicen sus palabras y lo que, a través de ellas, nos dice su silencio. (IM, 108)

La poesía de Bishop es una poesía muy visual, repleta de imágenes que en su configuración total establecen un tono, una emoción creada por las circunstancias humanas en ella descritas. Los poemas "A Summer's Dream" y "The Monument" ilustran el valor de la imagen como vehículo que puede expresar lo que el lenguaje convencional no alcanza lograr:[100]

A SUMMER'S DREAM

De Elizabeth Bishop

To the sagging wharf
few ships could come.
The population numbered
two giants, an idiot, a dwarf,

---

[99] Dicho artículo apareció primero en inglés bajo el título "Elizabeth Bishop, or the Power of Reticence, en *World Literature Today*, 51 (1977): 15-16. La versión en español está incluida en *In/Mediaciones* (Barcelona: Seix Barral, 1979), pp. 105-108. Las subsecuentes referencias a *In/Mediaciones* aparecerán en el texto bajo la sigla IM, seguida de la paginación correspondiente.

[100] Jaime Alazraki, en su artículo "Octavio Paz – Poetry as Coded Silence", *Kosmos*, 5-6 (1980): 126-155, afirma que la imagen poética es una de las alternativas expresivas que Paz utiliza para batallar la insuficiencia del lenguaje.

a gentle storekeeper
asleep behind his counter,
and our kind landlady –
the dwarf was her dressmaker.

The idiot could be beguiled
by picking blackberries,
but then threw them away.
The shrunken seamstress smiled.

By the sea, lying
blue as a mackerel,
our boarding house was streaked
as though it had been crying.

Extraordinary geraniums
crowded the front windows.
The floors glittered with
assorted linoleums.

Every night we listened
for a horned owl.
In the horned lamp flame,
the wallpaper glistened.

The giant with the stammer
was the landlady's son,
grumbling on the stairs
over an old grammar.

He was morose,
but she was cheerful.
The bedroom was cold,
the feather bed close.

We were wakened in the dark by
the somnambulist brook

nearing the sea,
still dreaming audibly.

(Elizabeth Bishop, *The Complete Poems*. New York:
Farrar, Straus and Giroux, 1969, pp. 70-71)

***

SUEÑO DE VERANO

Versión de Octavio Paz

Al muelle aquel derrengado
apenas llegaban barcos.
La población comprendía
dos gigantes, un idiota,

una enana, un buen tendero
tras su mostrador dormido,
y nuestra amable patrona
–la enana su costurera.

Convencían al idiota
que recolectase moras
pero luego las tiraba.
La encogida costurera

sonreía. Cabe el mar,
tendido pescado azul,
nuestra pensión se rayaba
como si hubiese llorado.

Geranios extraordinarios
en la ventana estallaban,
los escogidos linóleos
abajo resplandecían.

En las noches escuchábamos
gritar al buho cornudo.
Lámpara de doble llama
hacía temblar los muros.

El gigante tartamudo
de la patrona era el hijo.
Rezongaba en la escalera
sobre una vieja gramática.

El siempre malhumorado,
aleluyas ella siempre.
Recámara congelada,
mullido lecho de plumas.

Nos despertaba en la sombra
el sonámbulo arroyuelo
que al acercarse al océano
soñaba hablando en voz alta.

(Octavio Paz, *Versiones y diversiones*. 2a ed.
México: Joaquín Mortiz, 1978, pp. 92-93)

"A Summer's Dream" es un poema repleto de imágenes oníricas aparentemente inconexas entre sí. Dentro de la tradición narrativa, objetivista y secuencial de la poesía norteamericana, Bishop utiliza en su descripción verbos y conjunciones que conectan, hasta cierto punto, las imágenes presentadas. En su versión, Paz omite estos signos de relaciones causales, a tal grado que tal estrategia constituye un patrón en sus versiones del inglés al español. A diferencia de Valencia, quien en sus traducciones añadía imágenes y partículas conjuntivas para completar una escena poética, Paz tiende a omitir, a limpiar los poemas de lo que él consideraría ripios lógicos. En el poema citado, elimina el verbo "was" del siguiente verso en el que se introducen los personajes del sueño: "the dwarf *was* her dressmaker" (v. 8)/"– la enana su costurera" (v. 8). La ausencia del verbo "ser" facilita el ritmo y la construcción del octosílabo en español; asimismo reafirma el estilo paratáctico de las dos primeras estrofas en las que las figuras aparecen una tras otra, creando un efecto tanto óptico como cronológico similar al que nos ofrece la cámara de nuestro inconsciente. Además, podríamos definir el verso "the dwarf was her dressmaker" como un aparte de la voz poética que acaso interfiere con la descripción directa del sueño. Es posible que Paz haya decidido eliminar dicho verbo por esta razón.

Igualmente omite la partícula del símil, "as", en la cuarta estrofa. "By the sea, lying/blue *as* a mackerel,/our boarding house was streaked/as though it had been crying" (v. 13-14) en español se lee

"...Cabe el mar,/tendido pescado azul,/nuestra pensión se rayaba/como si hubiese llorado." (v. 13-14) Aquí se transforma el símil en metáfora. Visualmente "el mar" se sugiere con la imagen de un enorme pez azul tendido, mientras que en el original la referencia al mar y el símil con el pez, "blue as a mackerel" encuentran su base en el color azul. En ambos casos, al ubicarse el símil entre los dos posibles objetos de referencia, el mar o la pensión, se mantiene la ambigüedad en cuanto al referente. Nótese en la octava estrofa una omisión similar del verbo "to be", que crea un estilo nominativo y paratáctico en la versión de Paz. Si el original lee: "He *was* morose,/but she *was* cheerful./The bedroom *was* cold,/the feather bed close", la versión carece de verbos: "El siempre malhumorado,/aleluyas ella siempre./Recámara congelada,/mullido lecho de plumas." Los contrastes que caracterizan la estrofa se establecen en el texto en inglés mediante la conjunción disyuntiva "but", y en la versión paciana mediante un estilo conceptista que no necesita verbos. Estos cambios, aunque mínimos, demuestran el valor superior que Paz otorga a la imagen transformadora en relación con otros recursos poéticos basados en comparaciones tácitas. Así crea imágenes simultáneas, como ocurre en los sueños, en que percibimos las cosas transformándose unas en otras, a veces sin poder distinguir la verdadera naturaleza de cada una en particular.

Para mantener las asociaciones que corresponden al contexto onírico del poema, en su versión Paz cambia la sexta estrofa del original. Aquí Bishop asocia el miedo que le causaban los ruidos del "horned owl" en la noche, con el efecto visual causado por los movimientos de la llama de una lámpara. La asociación se establece mediante el adjetivo repetido "horned". Paz, en cambio, asocia ambas imágenes de una manera menos obvia, sin dejar de sugerir la doble conexión visual entre ambas. El "búho *cornudo*" se refleja en la "lámpara de *doble* llama", ya que tanto el perfil de los cuernos del búho como la doble llama dibujan una sombra bipartita. Por otro lado, se mantiene el paralelismo del miedo creado tanto por el estímulo auditivo y el visual. El haber eliminado la repetición de "cornudo" puede explicarse también debido a la idiosincracia del español. "Lámpara cornuda" hubiera sido una imagen torpe y con implicaciones semánticas ausentes en el inglés. Asimismo, la versión al español del próximo verso, "the wallpaper glistened" (v. 24) en "hacía temblar los muros" (v. 24), verso de ecos lorquianos, es otra solución poética al problema de la intraducibilidad. ¿Cómo verter "wallpaper" al español de un modo poético? "Muros" es la mejor posibilidad ya que, junto con el acto de temblar, establece la experiencia visual del movimiento de la llama reflejado en las paredes. Para crear un texto de mayor impacto visual y onírico, Paz omite las relaciones causales y los residuos explicativos, enumerando las imágenes y condensando las asociaciones sensoriales del poema.

"The Monument" es un texto que ilustra de manera muy clara la esencia de la poesía de Bishop, tan admirada por Paz. En su ensayo ya citado, éste comenta:

> En la poesía de Elizabeth Bishop las cosas vacilan entre ser lo que son o ser una cosa distinta de la que son. Esta duda se manifiesta a veces como humor y otras como metáfora. En ambos casos se resuelve, invariablemente, en un salto que es una paradoja: las cosas se deciden a ser otra cosa sin dejar de ser la cosa que son. (IM, 106)

No nos sorprende, pues, que Paz haya traducido este poema en particular, ya que encarna la esencia de la poesía de Bishop según su propia definición.

THE MONUMENT

De Elizabeth Bishop

Now can you see the monument? It is of wood
built somewhat like a box. No. Built
like several boxes in descending sizes
one above the other.
Each is turned half-way round so that
its corners point toward the sides
of the one below and the angles alternate.
Then on the topmost cube is set
a sort of fleur-de-lys of weathered wood,
long petals of board, pierced with odd holes,
four-sided, stiff, ecclesiastical.
From it four thin, warped poles spring out,
(slanted like fishing-poles or flag-poles)
and from them jig-saw work hangs down,
four lines of vaguely whittled ornament
over the edges of the boxes
to the ground.
The monument is one-third set against
a sea; two-thirds against a sky.

The view is geared
(that is, the view's perspective)
so low there is no "far away,"
and we are far away within the view.
A sea of narrow, horizontal boards
lies out behind our lonely monument,
its long grains alternating right and left
like floor-boards – spotted, swarming-still,
and motionless. A sky runs parallel,
and it is palings, coarser than the sea's:
splintery sunlight and long-fibred clouds.
"Why does that strange sea make no sound?
Is it because we're far away?
Where are we? Are we in Asia Minor,
or in Mongolia?"
                                    An ancient promontory,
an ancient principality whose artist-prince
might have wanted to build a monument
to mark a tomb or boundary, or make
a melancholy or romantic scene of it...
"But that queer sea looks made of wood,
half-shining, like a driftwood sea.
And the sky looks wooden, grained with cloud.
It's like a stage-set; it is all so flat!
Those clouds are full of glistening splinters!
What is that?"
                                    It is the monument.
"It's piled-up boxes,
outlined with shoddy fret-work, half-fallen off,
cracked and unpainted. It looks old."
– The strong sunlight, the wind from the sea,
all the conditions of its existence,
may have flaked off the paint, if ever it was painted,
and made it homelier than it was.
"Why did you bring me here to see it?
A temple of crates in cramped and crated scenery,
what can it prove?
I am tired of breathing this eroded air,
this dryness in which the monument is cracking."
It is an artifact
of wood. Wood holds together better
than sea or cloud or sand could by itself,

much better than real sea or sand or cloud.
It chose that way to grow and not to move.
The monument's an object, yet those decorations,
carelessly nailed, looking like nothing at all,
give it away as having life, and wishing;
wanting to be a monument, to cherish something.
The crudest scroll-work says "commemorate,"
while once each day the light goes around it
like a prowling animal,
or the rain falls on it, or the wind blows into it.
It may be solid, may be hollow.
The bones of the artist-prince may be inside
or far away on even drier soil.
But roughly but adequately it can shelter
what is within (which after all
cannot have been intended to be seen).
It is the beginning of a painting,
a piece of sculpture, or poem, or monument,
and all of wood. Watch it closely.

(Elizabeth Bishop, *The Complete Poems*. pp. 26-28)

***

EL MONUMENTO

Versión de Octavio Paz

Allá, ¿ves allá el monumento? Es de madera,
construido un poco como una caja. No. Construido
como varias cajas de tamaños decrecientes,
una sobre la otra
y cada una dispuesta de tal modo
que sus esquinas apunten contra los lados
de la que está abajo y se alternen los ángulos.
Después, surge del cubo superior
una suerte de flor de lis de gastada madera,
largos tablones de pétalos
– acribillados por extraños agujeros –

cuadrangulares, tiesos, eclesiásticos.
Cuatro perchas brotan de ahí, delgadas, torcidas
(oblicuas cañas de pescar o astabanderas),
de las que cuelga un objeto de madera segueteada,
cuatro líneas – ornamento vagamente tallado –
desde las aristas de las cajas al suelo.
Un tercio del monumento contra
un mar; dos tercios contra un cielo.
La vista apunta
(más bien: la perspectiva de la vista)
tan hacia abajo que no tiene *allá lejos*
y nosotros estamos allá lejos dentro de la vista.
Un mar de angostos y horizontales tablones
se extiende tras nuestro solitario monumento;
sus largas vetas alternan de derecha a izquierda
como un entarimado – moteadas, en sordo enjambre,
inmóviles. Un cielo paralelo,
hecho de vallas más toscas que las del mar:
sol astillado, nubes de fibras largas.
"¿Por qué este extraño mar no hace ningún ruido?
¿Será porque estamos tan lejos?
¿En dónde estamos? ¿En Asia Menor
o en Mongolia?"
                                    Un antiguo promontorio,
un antiguo señorío cuyo príncipe-artista
tal vez quiso construir un monumento
para señalar una tumba, una linde
o hacer un decorado romántico o melancólico...
"Pero este mar tan raro parece de madera,
brilla de un lado como un mar de madera a la deriva.
El cielo es madera veteada de nubes.
Un decorado de teatro ¡y todo tan plano!
Esas nubes están llenas de astillas centelleantes.
¿Qué es esto?"
                                    Es el monumento.
"Son cajas apiladas.
Sus contornos son calados vulgares, medio caídos,
hendidos y despintados. Un vejestorio."

– El sol violento, el viento del mar,
todo lo que lo rodea,
tal vez descascaró la pintura, si pintura hubo,

y lo ha hecho más rústico de lo que fue.
"¿Por qué me has traído a ver esto?
Un templo de guacales en un paisaje atestado de guacales,
¿qué prueba?
Me cansa respirar este aire viciado,
este aire seco que resquebraja al monumento."
Es un artefacto
de madera. La madera se preserva
mejor que mar, nube o arena –
mucho mejor que el mar, la nube o la arena reales.
Eligió esta manera de crecer sin moverse.
El monumento es un objeto, esos ornamentos
clavados al desgaire, como si nada,
revelan que allí hay vida, hay deseo:
voluntad de ser monumento, un querer ser algo.
La voluta más tosca nos dice: *conmemorad*,
mientras que cada día, animal que merodea,
la luz lo cerca
o cae la lluvia y lo empapa
o sopla el viento y entra.
Tal vez está lleno, tal vez está vacío.
Quizás adentro están los huesos del príncipe-artista
o quizá están allá lejos en un suelo aun más seco.
Pero en general –pero cabalmente– ampara
lo que está adentro (y que después de todo
no está destinado a ser visto).
Es el comienzo de una pintura,
una escultura, un poema, un monumento
–y todo de madera. Contempladlo despacio.

(Octavio Paz, *Versiones y diversiones*. pp. 90-92)

"The Monument" consiste en la descripción y observación visual de un
aparente monumento; aparente, porque a través del poema el lector se
da cuenta que este objeto puede ser, por igual, un promontorio de cajas
viejas o un artefacto de madera. La óptica del hablante poético nos
acompaña a través de todas las transformaciones de dicho objeto,
incluyendo su fusión visual con el mar y el cielo. El final del poema
expresa el simbolismo gradualmente desarrollado hasta entonces: el
monumento, símbolo de la percepción transformadora, es "el comienzo
de una pintura,/una escultura, un poema, un monumento/–y todo de

madera." El texto es un modo de *ars poetica* que encarna la génesis transformadora de la poesía. El poeta ve o percibe una realidad, la cual será transformada en otra realidad en el poema, pero, como ha notado Paz, sin que la primera realidad pierda su esencia. El promontorio de cajas viejas sigue siendo un promontorio, pero simultáneamente se ha convertido en la imagen de un monumento mediante la imaginación de la poeta, quien reconstruye en su mente los posibles orígenes y funciones de tal edificio en la antigüedad.

Como en "Sueño de verano", en "El monumento" Paz es bastante fiel al texto de Bishop, sin dejar de omitir las partículas referenciales que expresan una relación lógica o causal en el poema. Sustituye, por ejemplo, la preposición "of" por guiones que indican la ecuación entre una cosa y otra: las cuatro perchas son "cuatro líneas – ornamento vagamente tallado–" (v.16) /"four lines *of* vaguely whittled ornament" (v. 15). También omite las indicaciones a las apariencias de las cosas. En los versos 40-43, en los cuales la voz poética alude a la fusión o, mejor dicho, confusión de los elementos (el mar y el cielo parecen de madera), Paz prescinde de las referencias a la perspectiva óptica y al hecho de que se trata de una apariencia, más que de una transformación real. Sólo en la descripción del mar, el cual "parece de madera", Paz mantiene esa referencia. Sin embargo, el "cielo es madera veteada de nubes", y la escena entera es "Un decorado de teatro". Es posible que se haya omitido el verbo "parecer" en estos dos casos para evitar repetirlo. En cambio, mediante la reiteración, Bishop insiste en que todo puede ser resultado de una confusión perceptiva: "that queer sea *looks* made of wood", "And the sky *looks* wooden, grained with cloud", y todo "*It's like* a stage-set". Al traducir "It *looks* old" (v. 49) por "Un vejestorio" (v. 49), Paz aprovecha la referencia ya establecida al monumento para poder crear una imagen única y autónoma, sin tener que recurrir a la perspectiva del hablante poético.

En la sección final del poema, el sujeto lírico indica que el monumento es expresión de la voluntad: "wanting to be a monument, to cherish something". Paz, interpretando esos versos, expresa la idea de manera más abstracta y menos coloquial: "voluntad de ser monumento, un querer ser algo". El monumento como signo concreto de un ser con vida y voluntad se resuelve en las frases finales en que se expresa el verdadero tema del poema: la creación artística. La inspiración poética da lugar a la metamorfosis de las cosas y de la realidad; por eso la visión simultánea del promontorio, del mar y del cielo, representa "el comienzo de una pintura,/una escultura, un poema, un monumento". Paz sintetiza estos objetos, identificándolos de modo ontológico mediante el uso de la coma y la enumeración. El objeto de

arte, ya sea pintura, escultura, o poema, representa la realidad
transformada en otra segunda realidad (cuyo símbolo es el monumento)
y que contiene todos los tiempos y todos los elementos. Así Paz expresa
la equivalencia entre estos objetos, indicada mediante el uso de la
preposición "or" en el texto original: "It is the beginning of a
painting,/a piece of sculpture, *or* poem, *or* monument".

En su texto, Paz se deshace de las varias referencias a la
perspectiva del hablante poético que abundan en el poema original. Por
un lado, Bishop las utiliza con frecuencia para reafirmar la naturaleza
subjetiva de la transformación del mundo que da lugar, a su vez, a la
creación poética. Sin embargo, creo que el mexicano las elimina con el
fin de crear una poesía más ajustada en cuanto a la función significativa
de la palabra. Al prescindir de estas indicaciones causales, Paz no nos
remite constantemente a la primera realidad, a nuestro mundo, sino que
nos mantiene a los lectores siempre dentro de la realidad semiótica que
es el poema. Intenta que las palabras funcionen como signos más que
como representaciones de objetos reales. En este sentido, sus
traducciones reflejan su estética del poema como una "constelación de
signos", como un texto en movimiento. Recordemos que en "Los signos
en rotación", Paz analiza el rumbo que ha tomado la poesía moderna
hacia una fragmentación mediante la cual se descubre la imagen
totalizadora del mundo. De ahí la importancia de la palabra como signo
autónomo abierto a varios significados y ya no como símbolo
representativo del objeto real.[101]

La naturaleza transformadora de la poesía de Bishop se revela aún
más en las versiones de Paz, en las cuales los objetos se transforman en
otros objetos de una manera simultánea a través de la lectura. No hay
indicaciones, o, por lo menos, se minimizan las indicaciones a la
primera realidad de la cual parte el poema. Las imágenes funcionan
por sí mismas y en su relación con las demás, sin depender de
referencias al mundo exterior. Asimismo, estas omisiones ayudan a
crear poemas de mayor concentración lingüística y densidad verbal que
los originales. Paz trata de decir lo que dicen éstos, pero con menos
palabras. Aumenta, pues, el valor expresivo del silencio, de las pausas
(los guiones, por ejemplo). Es, pues, en la estética y función de la

---

[101] Véase "Los signos en rotación", *El arco y la lira*, 2a ed. (México: Fondo de
Cultura Económica, 1967), pp. 253-284. En la página 270 dice Paz: "En la dispersión
de sus fragmentos [...] El poema ¿no es ese espacio vibrante sobre el cual se proyecta
un puñado de signos como un ideograma que fuese un surtidor de significaciones?
Espacio, proyección, ideograma:" Es "la intersección de los distintos puntos de vista lo
que nos da la posibilidad de una interpretación." (p. 273).

palabra como signo y en el valor del silencio en la poesía, que las
versiones de Paz se pueden considerar como parte de su propia obra.
En sus versiones de William Carlos Williams, Paz efectúa cambios
similares que reflejan su propia estética. En general, omite palabras que
indican relaciones causales y a veces las sustituye con signos de
puntuación, obligando así a una lectura más activa por parte del lector.
Crea, pues, textos abiertos en el sentido de que ofrecen mayores
posibilidades de interpretación debido al valor de significante de las
pausas y de la puntuación, y a la aumentada flexibilidad semántica de
las palabras. Su traducción de "The Descent" ilustra este tipo de
cambio:

THE DESCENT

De William Carlos Williams

The descent beckons
        as the ascent beckoned.

                Memory is a kind
of accomplishment,
        a sort of renewal
                even
an initiation, since the spaces it opens are new places
        inhabited by hordes
                heretofore unrealized,
of new kinds –
        since their movements
                are towards new objectives
(even though formerly they were abandoned).

NO DEFEAT is made up entirely of defeat – since
the world it opens is always a place
        formerly
                unsuspected. A
        world lost,
a world unsuspected,
                beckons to new places
        and no whiteness (lost) is so white as the memory
of whiteness.

WITH EVENING, love wakens

though its shadows
     which are alive by reason
of the sun shining –
    grow sleepy now and drop away
       from desire

LOVE WITHOUT shadows stirs now
    beginning to awaken
       as night
advances.

THE DESCENT

    made up of despairs
      and without accomplishment
realizes a new awakening:
     which is a reversal
of despair.
    For what we cannot accomplish, what
is denied to love,
    what we have lost in the anticipation –
      a descent follows,
endless and indestructible

(William Carlos Williams, *The Desert Music and Other
Poems*. New York: Random House, 1954, pp. 3-4)

             ***

EL DESCENSO

Versión de Octavio Paz

El descenso nos llama
          como la ascensión nos llamaba.
la memoria es una suerte de cumplimiento,
una renovación
     –y más: una iniciación:
          los espacios

que abre son lugares nuevos,
              poblados por hordas
   hasta entonces inexistentes,
               nuevas especies
   en movimiento hacia nuevos objetivos
                   (los mismos
   que antes habían abandonado.)
              Ninguna derrota
   es enteramente derrota:
             el mundo que abre es siempre
   un lugar antes insospechado.
           Un mundo perdido es un mundo
   que nos llama a lugares inéditos:
              ninguna blancura
   (perdida) es tan blanca
           como la memoria de la blancura.

Al anochecer, el amor despierta
               –aunque sus sombras,
   vivas por la ley del sol,
            ahora se aletargan
   y se desprenden del deseo.
            El amor sin sombras ahora
   se anima y
         conforme avanza la noche
                 despierta.

El descenso
          hecho de desesperaciones
                por lo incumplido
nos cumple: es un nuevo despertar,
             reverso
   de la desesperación.
         Aquello que no pudimos cumplir,
   aquello negado al amor,
         perdido en la anticipación,
   se cumple en un descenso,
         sin fin: indestructible.

(Octavio Paz, *Versiones y diversiones*. pp. 60-61)

Paz elimina el vocablo "since" en los tres lugares en que aparece (v. 7, 11, 14) sustituyéndolo con los dos puntos. Esta sustitución es acertada, creo, porque aunque omite la relación causal entre las dos frases conectadas por "since", los dos puntos sirven para reafirmar dicho nexo sin tener que recurrir a esa partícula gramatical. En el séptimo verso, Williams reflexiona sobre la memoria, describiéndola como renovación e iniciación ya que abre "espacios" en el interior del poeta que no han sido visitados antes ("new places"/"lugares nuevos"). Esta idea se expresa claramente en la versión de Paz, mediante el uso del relativo "que" (en "los espacios que abre son lugares nuevos"), refiriéndose a la memoria como el agente responsable por la apertura de nuevas posibilidades. Por lo tanto, el empleo de los signos de puntuación que suplen las conjunciones no le resta necesariamente valor expresivo al poema. Todo lo contrario. Mantiene ese valor y esa continuidad de pensamiento sin tener que expresarlo mediante conjunciones innecesarias. Para ser más precisos, hay que distinguir entre dos tipos de omisiones en esta versión de "The Descent". Por un lado, Paz prescinde de una que otra unidad semántica, pero la sustituye con otro signo de valor paralelo, como logra en "A Sort of Song", un *ars poetica* de Williams, cuando reemplaza una conjunción y una preposición "No ideas/*but in* things" (v. 9-10) por los dos puntos: "No ideas:/cosas" (v. 9-10). Por otro, el poeta-traductor omite asimismo unidades lingüísticas sin ofrecer suplentes. En "The Descent", la frase "a world unsuspected" (v. 19) desaparece en la versión hispana, probablemente porque se consideró redundante (nótese la repetición del adjetivo en los versos anteriores). Este instante encuentra una explicación en el papel editorial del traductor. Lo mismo ocurre con las omisiones del cambio de tipografía en el original, ya que probablemente el uso de letras mayúsculas al principio de cada sección no posee un valor de significante en la lectura del poema.

Dos elementos estéticos reflejan la tendencia a la conceptualización en las versiones de Paz: el empleo de antónimos u opuestos y el uso del reflexivo personal. Este poema en particular, "The Descent", goza de un tema abstracto: el poeta reflexiona sobre la función positiva y aleccionadora de las derrotas y momentos "bajos" de la vida. A diferencia de la poesía más conocida de Williams, de su poesía "objetivista", dicho texto es más bien de ideas, metafísico. No nos sorprende que Paz lo haya seleccionado para traducirlo, pues representa

un tema y un estilo afines con su poesía metafísica y filosófica.[102] En la
última sección del poema, Williams describe la naturaleza paradójica de
los instantes de descenso humano, el encontrarnos en la sima: estos
momentos se caracterizan por la desesperación, pero a la vez
representan el comienzo de algo nuevo ("a new awakening"), que es,
verdaderamente, el reverso de la desesperación. En su texto, Paz
resume esta paradoja mediante el estilo dual tan característicamente
suyo: "El descenso/hecho de desesperaciones/*por lo incumplido/nos
cumple*: es un nuevo despertar,/reverso de la desesperación." La adición
de la frase "nos cumple" resume la paradoja descrita por Williams, pero
en un estilo paciano. Los momentos de descenso, según Paz, nos hacen
cumplir nuestro rol como seres humanos, ya que representan lo que no
podemos cumplir, nuestra imperfección humana. Al darnos cuenta de
que somos seres incompletos, al ser conscientes de nuestra naturaleza,
experimentamos cierta esperanza de algo nuevo. El deseo de ser más,
de alcanzar más allá de nuestros límites, ya sea mediante los otros o
mediante nuestros actos, da lugar a un nuevo comienzo, a un "ascenso"
espiritual que representa el reverso del "descenso". Nótese el uso del
dativo/reflexivo "*nos* cumple" para expresar la complejidad ontológica
de dicho pensamiento. Cabría recordar que la yuxtaposición de
opuestos, de textura conceptista, y el uso del dativo y del reflexivo son
dos recursos que caracterizan la obra poética de nuestro traductor.

Paz no se limita a presentar sólo los poemas autorreflexivos de
Williams. Traduce por igual los cortos poemas objetivistas, entre otros
el famoso "The Red Wheelbarrow":

THE RED WHEELBARROW

De William Carlos Williams

so much depends
upon

a red wheel
barrow

---

[102] Otros poemas reflexivos que expresan las ideas poéticas de Williams son "A Sort
of Song", poema corto considerado su arte poética, y "Work in Progress", que describe
el acto poético mediante el objeto del asfódelo, y representa, en cuanto a su estilo,
una síntesis entre su poesía reflexiva y su estilo objetivista. Ambos aparecen en
Versiones y diversiones traducidos por Paz.

glazed with rain
water

beside the white
chickens.

(*The Norton Anthology of Poetry*, Edición revisada. New
York: W. W. Norton, 1975, p. 981)

***

LA CARRETILLA ROJA

Versión de Octavio Paz

cuánto
depende

de una carre
tilla roja

barnizada de
agua de lluvia

junto a blancas
gallinas

(Octavio Paz, *Versiones y diversiones*. p. 53)

Es interesante que "La carretilla roja" de Paz sea un texto casi exacto
al original. Tan extrema fidelidad parecería contradecir los comentarios
del mexicano sobre sus propias traducciones de Williams. Las define
como "aproximaciones y, a veces, transposiciones".[103] No cree que la

_____

[103] En su ensayo dedicado a Williams, "La flor saxífraga", *El signo y el garabato*, pp.
107-108, Paz comenta su tarea de traducir los poemas de Williams: "El verano de 1970,
en Churchill College (Cambridge), traduje diez poemas de Williams. Después, en otras
dos escapadas, una en Veracruz y otra en Zihuatanejo, traduje los otros. Las mías no

fidelidad total sea posible, ni tampoco categoriza sus versiones como "recreaciones" de Williams. La verdad es que en cuanto a este poema en particular, no hay recreación posible. Paz se ha confrontado con un texto mínimo y minimalista en cuanto a forma y contenido. El poema entero es una imagen visual: una carretilla roja, mojada por el agua de lluvia, junto a unas blancas gallinas. Si se le añadiera algo más, se echaría a perder el efecto original de un texto mínimo que está abierto a un sinfín de interpretaciones. Este es una imagen que se despliega. Es posible que debido a dicho rasgo textual, no quepa la posibilidad de omitir o añadirle unidades semánticas. De hecho, tal vez la única divergencia, y muy mínima, sea la primera palabra del poema. Si Williams comienza su poema con una declaración general y vaga, "*so much* depends/upon/a red wheel/barrow...", Paz utiliza un adverbio interjectivo: "*cuánto*/depende/de una carretilla roja...". "So much" pudo haber sido traducido como "tanto", pronombre cuantitativo, para expresar la cantidad generalizada de todo lo que depende de la carretilla roja. Si Paz hubiera traducido "so much" por "tanto", habría implicado con este vocablo el valor cuantitativo de la imagen. "Cuánto", sin embargo, implica intensidad al igual que cantidad. Mediante este cambio, Paz invita a una lectura más abierta del poema, exhortando al lector a otorgarle al texto una posible respuesta. Al mantener esta apertura poética, el traductor demuestra su conocimiento profundo de la estética minimalista de Williams. A través de la imaginación el lenguaje transforma las sensaciones en objetos verbales, dice Paz de la poesía del norteamericano.[104] Más aún, dicha imaginación tiene que venir del lector, no del poema en sí. Las palabras en la poesía de Williams se tornan en objetos y en sensaciones; son una síntesis de ambos aspectos de la realidad, la objetiva y la subjetiva.

---

son traducciones literales: la literalidad no sólo es imposible sino reprensible. Tampoco son (¡qué más quisiera!) recreaciones: son aproximaciones y, a veces, transposiciones. Lo que más siento es no haber encontrado en español un ritmo equivalente al de Williams." Estamos de acuerdo con el poeta-traductor en cuanto al ritmo diferente de las versiones en español, pero si tenemos en cuenta que el valor del lenguaje de Williams reside en el ritmo coloquial del inglés, sabemos que ésta sería una tarea virtualmente imposible para cualquier traductor.

[104] Octavio Paz, "La flor saxífraga", p. 101: "El lenguaje es el agente del cambio: las sensaciones se convierten en objetos verbales. Un poema es un objeto verbal en el que se funden dos propiedades contradictorias: la vivacidad de la sensación y la objetividad de las cosas. Las sensaciones se convierten en cosas verbales por la operación de una fuerza que para Williams no es esencialmente distinta a la electricidad, el vapor o el gas: la imaginación." Más adelante, Paz reafirma el valor creativo de la imaginación en la poesía de Williams: "La imaginación no representa sino produce."

En su versión de "Poem" (nótese la directa y sencilla literalidad de los títulos de Williams), el poeta-traductor mexicano ejerce un cambio sutil que ilustra, de nuevo, su profundo conocimiento de la estética de Williams:

POEM

De William Carlos Williams

As the cat
climbed over
the top of

the jamcloset
first the right
forefoot

carefully
then the hind
stepped down

into the pit of
the empty
flowerpot

(*The Norton Anthology of Poetry*, p. 983)

***

POEMA

Versión de Octavio Paz

El gato
se encaramó
en un remate

de la alacena y
primero la pata

delantera derecha

cautelosamente
después la trasera
desapareció

en el abismo
de la vacía
maceta

(Octavio Paz, *Versiones y diversiones.* p. 58)

El poema consiste en la imagen de un gato trepándose por una alacena
y luego desapareciendo dentro de una maceta vacía. La descripción de
Williams es directa, visualmente específica y concreta. A ésta, Paz le
cambia dos palabras: "the hind/*stepped down*/into the pit of/the
empty/flowerpot" se convierte en "la trasera/*desapareció*/en el
abismo/de la vacía maceta". El verbo "step down", que no contiene
implicaciones abstractas ni anímicas, pudo haber sido traducido como
"descendió al fondo de la vacía maceta". En cambio, Paz pone énfasis
en la sensación de este movimiento a través del que lo percibe: la pata
trasera "desapareció". Tal divergencia se justifica pues reafirma la
perspectiva visual. El lector puede imaginarse observando a un gato en
esta situación, y encontrar que de pronto la pata trasera ha desaparecido
abruptamente para caer dentro de la maceta. Pero también
"desaparecer" es un verbo de mayor potencial metafórico que el verbo
original, y daría lugar a interpretaciones de naturaleza conceptual o
espiritual que no se sugieren verbalmente en el texto de Williams. Dicho
cambio, sin embargo, ilustra la síntesis entre los objetos físicos en el
poema y la sensación que éstos crean en el lector. Lo mismo ocurre con
el cambio de "pit" por "abismo" para describir el fondo de la maceta.
El inglés denota un lugar físicamente bajo, mientras que la versión
hispana posee connotaciones relacionadas con el estado espiritual del
ser humano. De nuevo, la versión paciana establece un contraste entre
ambos aspectos de la realidad, el objetivo y el subjetivo, y a la vez
conduce al lector hacia posibles interpretaciones sensoriales y hasta
espirituales de la imagen.

Estas versiones ilustran el valor que Paz le otorga a la poesía de
Williams dentro del contexto de la poesía moderna. Son encarnaciones
del pensamiento crítico paciano sobre Williams, expresado en la
siguiente cita:

Su arte busca "por la metáfora reconciliar a las gentes y a las piedras", al hombre (norte)americano con su paisaje, al ser hablante con el objeto mudo. El poema es una metáfora en la que los objetos hablan y las palabras dejan de ser ideas para convertirse en objetos sensibles. El ojo y la idea: el objeto oído y la palabra dibujada. (SG, 104)

Mediante el uso de palabras que funcionan como una apertura hacia la sensación y que sirven de contraste con los objetos "mudos" del mundo, Paz ejemplifica la síntesis entre las cosas y las sensaciones en sus versiones de Williams.

Según hemos visto, Paz insiste en que el texto sea una experiencia de significación y autorreconocimiento para el lector; sus versiones de la obra de otros poetas, y su propia poesía ilustran su postura estética. En sus traducciones de Bishop y de Williams, en particular, omite y suple elementos poéticos para producir un texto mucho más concentrado verbalmente y, por lo tanto, más abierto a varias interpretaciones, es decir, un texto en movimiento. Al minimizar la cantidad de palabras, aumenta el valor epistemológico del texto, y así obliga al lector a una experiencia más activa de significación literaria, a la búsqueda del conocimiento del ser y del mundo que Paz mismo experimenta en el acto literario. Tal proceso es reflejo, a su vez, del autorreconocimiento que él ha logrado en el acto de leer y traducir a sus poetas predilectos.

CAPITULO III

El panteísmo literario:
el texto como traducción y crítica

Traducir e interpretar

A estas alturas, sería tautológico declarar que todo acto de traducción implica un acto interpretativo; los críticos ya han establecido varios modos de definir tal enlace. Por ejemplo, el primer paso imprescindible en la tarea de un traductor es leer e interpretar el texto; a su vez, un texto traducido – ya en calidad de producto, acabado – puede ofrecer una perspectiva distinta del supuesto original, como su paráfrasis o como una aproximación crítica del mismo. Así el valor hermenéutico resulta del acto de traducir. Dicha dinámica circular, según la define Josef Cermák, prolonga la vida de la obra literaria a través de la historia.[105] Por otro lado, si definimos el acto de interpretar un texto como un proceso bipartito de "descomponerlo" y "recomponerlo" dentro de su propia lengua, o sea, intralingüísticamente, la traducción resulta, pues, en un doble acto intérprete: el transporte hermenéutico de una lengua a otra (L1-L2) – el traducir en sí – y de un contexto literario a otro (T1-T2), – el acto de lectura y crítica. En este sentido, traducir se puede proponer como una metáfora doble, tanto sincrónica como diacrónica, del fenómeno de interpretación.[106] Aun cuando traducir e interpretar se consideren dos procesos distintos teóricamente hablando – ya que el primero tiene que ver con la búsqueda de equivalentes lingüísticos, mientras que éste último consiste en la explicación de ideas dentro de un contexto diacrónico–, en realidad el

---

[105] Josef Cermák, "La traduction et l'interpretation", en *The Nature of Translation: Essays on the Theory and Practice of Literary Translation*, ed. James S. Holmes (Bratislava, Chekoslovakia: Slovak Academy of the Sciences, 1970), p. 41.

[106] Concepto expuesto por Roland Barthes en "L'activité structuraliste", *Essais critiques* (París, 1964), pp. 213-220, y citado por Edward Balcerzan en su artículo "La traduction, art d'interpréter", en *The Nature of Translation*, pp. 6-7.

acto de traducir abarca ambos: el traslado de los códigos lingüísticos presupone la interpretación de ideas.

En este capítulo nos interesa considerar el valor interpretativo que adquiere la traducción, es decir, su aspecto hermenéutico o crítico. Dentro de tal perspectiva, las traducciones asumen un papel vital en el desarrollo de la historia literaria. Según George Steiner, los cambios históricos que dan lugar a variaciones en nuestra sensibilidad hacia una lengua, hacia los "tone values" o "valuations" que emiten las palabras, representan obstáculos de orden hermenéutico para el lector contemporáneo de un texto antiguo. Pero son esos mismos obstáculos los que, irónicamente, mantienen la vigencia y la vitalidad del texto. La necesidad constante de releer mediante la reinterpretación del lenguaje mismo a través del correr histórico es el motor generador de la crítica y de la historia literaria, y, en términos más actuales, del proceso interminable, cambiante y voluble que es la lectura.[107]

Lo que Steiner denomina "diachronic translation" ha sido el enfoque central de la poética literaria de Jorge Luis Borges, conjunto de ideas que giran alrededor de un concepto borgesiano similar al de Steiner, el "panteísmo literario".[108] No es sorprendente, pues, que dentro del *corpus* literario del escritor argentino, encontremos ensayos y teorías sobre la naturaleza y el papel de la traducción literaria; más aún, una parte todavía poco estudiada de la obra borgesiana es su colección de traducciones al español de escritores mayormente ingleses y norteamericanos como Virginia Woolf, William Faulkner, Walt Whitman, Oscar Wilde y Wells. Hasta poco antes de su muerte Borges colaboró con Norman Thomas di Giovanni en la traducción al inglés de su propia obra. La continuidad productiva del Borges traductor fue impresionante y su función como puente entre culturas fue más que lograda. Cabría recordar la influencia que tuvo su traducción al español del *Orlando* de Virginia Woolf (1937) en un autor como Gabriel García

---

[107] Véase el primer capítulo titulado "Understanding as Translation" de George Steiner, *After Babel* (New York y Londres: Oxford University Press, 1977), pp. 1-48.

[108] Utilizamos el término de "panteísmo literario" según la explicación de Jaime Alazraki en cuanto a las consecuencias de la filosofía del panteísmo en la visión borgesiana de la literatura: "Como la historia universal, que según el panteísmo es la historia de un solo hombre, la historia de toda la literatura es la historia de un solo libro, obra de un solo autor – el Espíritu –." En *La prosa narrativa de Jorge Luis Borges*, 2a ed. aumentada, (Madrid: Editorial Gredos, 1974), p. 87. Tal filosofía – aunque bajo otras rúbricas – asimismo ha sido analizada por diversos críticos, entre ellos Sylvia Molloy, Ronald Christ, Arturo Echavarría y Ramona Lagos.

Márquez para ilustrar el éxito de Borges como intermediario literario.[109] Aunque las ideas del argentino sobre el acto de traducir aparecen dispersas en su obra ensayística y narrativa, éstas forman en su conjunto una teoría virtual sobre el tema. Aparentemente, Borges no intentó formular sus ideas de forma sistemática, probablemente por dos razones: en primer lugar, su "escepticismo esencial" no lo condujo a esta empresa, ya que la habría considerado *a priori* falsa y fútil; en segundo lugar, la traducción no es un tema principal en su obra, sino que se deriva de su interés por la naturaleza de la literatura y aparece, pues, dentro de ese marco temático mayor. Por ejemplo, el cuento-ensayo "Pierre Menard, autor del Quijote" (1939), considerado como su gran fábula sobre el acto de traducir, plantea el tema de la naturaleza panteísta de la literatura, en conjunción con la historia de la hermenéutica. Además, los personajes borgesianos – "claras fabricaciones textuales" según Sylvia Molloy– se encarnan dentro y no fuera del texto.[110] Estos configuran ese universo de autores, traductores y lectores que somos todos. La relación complementaria y las frágiles fronteras entre los papeles del autor y del lector –tan explotadas por Borges en sus ficciones– se conjugan y se actualizan, podríamos decir, en la figura del traductor. Averroes, en su búsqueda por un equivalente en el ámbito del Islam de los conceptos occidentales y aristotélicos de "tragedia" y "comedia", reconoce su derrota, la imposibilidad de tal proyecto. Por un lado, aquí se perfila un comentario sobre la intraducibilidad del lenguaje y de las culturas. Por otro, Averroes, en su papel de traductor, encarna las funciones de autor y lector, descifradores de libros y del mundo. Como Pierre Menard, los personajes borgesianos en sí mismos –en su condición textual– resultan ser traducciones personales del narrador, encarnación en sí bastante literal del mismo Borges. Baste la conclusión de "La busca de Averroes" para subrayar la dialéctica panteísta e idealista que une a personaje, narrador, autor y lector:

> Sentí, en la última página, que mi narración era un símbolo del hombre que yo fui, mientras la escribía y que, para redactar esa narración, yo tuve que ser aquel hombre y que, para ser aquel

---

[109] Suzanne Jill Levine, "*Cien años de soledad* y la tradición de la biografía imaginaria", en *Revista Iberoamericana*, 36:72 (julio-sept. 1970): 453. Queremos notar que ésta es la única pieza crítica que hemos encontrado hasta ahora que presta atención a la importancia del *Orlando* en español traducido por Borges.

[110] Sylvia Molloy, *Las letras de Borges* (Buenos Aires: Editorial Sudamericana, 1979), p. 61.

hombre, yo tuve que redactar esa narración, y así hasta lo infinito. (En el instante en que yo dejo de creer en él, "Averroes" desaparece.)[111]

Los personajes de Borges, pues, viven y mueren como escritores y lectores, en fin, como traductores de su mundo y del universo. Sin entrar de lleno en la problemática teleológica del lenguaje – nombrar es falsear debido a lo prohibido del verbo sagrado – queremos reafirmar el contexto no tanto libresco, como ya ha apuntado la crítica, sino *hermenéutico* (el personaje como lector) de las ficciones borgesianas. Dentro de esta temática es que Borges se aproxima a la traducción en su obra narrativa.[112]

En sus ensayos, particularmente en "Las versiones homéricas" (1932) y "Los traductores de las *1001 Noches*" (1935), Borges, como lector de Homero y de los cuentos árabes, comenta y evalúa ciertas traducciones de estas obras, expresando, tanto de manera implícita como explícita, sus ideas sobre el arte de la traducción como producto y como proceso.

La traducción es imprescindible en la teoría borgesiana del panteísmo literario ya que ejemplifica, en su aspecto práctico, la autoría literaria como un fenómeno colectivo y, por lo tanto, anónimo. Si el panteísmo literario es una metáfora de la literatura como repetición y variación diacrónica de un mismo texto básico que, según Borges, es la obra de Homero, entonces el proceso y las consecuencias de la traducción literaria encarnan, en la realidad, esta metáfora. Dicha óptica sobre la literatura, tan predominante en nuestro siglo, sirve de base para la tendencia crítica actual de acercarse a los textos literarios mediante el examen de su "intertextualidad", alternativa al método de trabajo más tradicional de "influencias literarias". El acto de traducir como lectura, como una metáfora de la interpretación, deviene, pues, en

---

[111] Jorge Luis Borges, "La busca de Averroes", en *El Aleph* (Buenos Aires: Emecé, 1957), p. 101. De aquí en adelante las referencias a las obras de Borges aparecerán junto a la cita con las siglas correspondientes (*Discusión* D, *El Aleph* A, *Ficciones* F, *Otras inquisiciones* OI, *Historia de la eternidad* HE).

[112] Sobre este aspecto véase el capítulo "Rúbricas textuales" de Sylvia Molloy, pp. 51-71, y el artículo de Jaime Concha "El aleph: Borges y la historia", *Revista Iberoamericana* 49: 123-124 (abril-sept. 1983): 471-485, en el cual el crítico chileno define la visión borgesiana de la historia como una traducción y "reciclaje" de sí misma. Alfred J. MacAdam, en "Translation as Metaphor", *Fantasía y realismo mágico en Iberoamérica*. Memorias del Décimosexto Congreso del Instituto Internacional de Literatura Iberoamericana. Ed. Donald Yates (Michigan State University: Latin American Studies Center, 1975), p. 284, concluye lo mismo en cuanto a la traducción como metáfora del estado metamórfico de la literatura.

paradigma de las posibilidades hermenéuticas de un texto, ya sea un original o uno traducido. El concepto de texto "original", dicho sea de paso, pierde validez con todas sus implicaciones y juicios evaluativos. Cada texto se vuelve único en cuanto a lo que puede ofrecer como variación de las metáforas básicas. Paradójicamente, un texto posee un valor único debido a su génesis y lugar en la colectividad y tradición. Las tensiones entre la unidad y la pluralidad, o entre lo colectivo y lo individual no es tema nuevo, como ya hemos analizado en el caso de Octavio Paz. Borges ha empleado el concepto de la traducción para encarnar su problematización de lo original. Asimismo, ha discutido la *praxis* de la traducción y su importancia vital dentro de la historia literaria.

Para Borges, el traductor es una figura indispensable en el desarrollo de la literatura mundial. La importancia de la primera traducción de una obra a otra lengua o cultura reside en su potencial de crear una nueva realidad. La idiosincracia de esa primera traducción contribuirá a formar una imagen de esa realidad literaria – el texto original– que ahora se ha vuelto otra al ser recibida y percibida por un segundo lector en otra cultura. Borges ilustra este fenómeno al comentar la primera traducción de *Las mil y una noches* al francés de Antoine Galland, la primera también a una lengua occidental:

> Doscientos años y diez traducciones mejores han transcurrido, pero el hombre de Europa o de las Américas que piensa en las *1001 Noches*, piensa invariablemente en esa primer traducción. El epíteto 'milyunanochesco' [...] nada tiene que ver con las eruditas obscenidades de Burton o de Mardrus, y todo con las joyas y las magias de Antoine Galland. (HE, 100-101)

El objeto literario que plasma esa primera traducción revela la función histórica del acto de traducir: infundir nueva vida a un texto extranjero, al recrearlo en una segunda lengua y época histórica. Asimismo, una traducción puede ser responsable de crear nuevas direcciones en la historia, aun cuando sea por azar. En un análisis sobre el valor de la alegoría como un tipo de lenguaje metafórico, y sobre su recepción cambiante a través de la historia, Borges se "atreve" a sugerir una fecha en que se cuaja la desaparición de la alegoría y los inicios de la novela, es decir, del estilo individualista:

> Aquel día de 1382 en que Geoffrey Chaucer, que tal vez no se creía nominalista, quiso traducir al inglés el verso de Boccaccio *E con gli occulti ferri i Tradimenti* ("Y con hierros ocultos las

Traiciones"), y lo repitió de este modo: *The smyler with the knyf under the cloke* ("El que sonríe, con el cuchillo bajo la capa"). El original está en el séptimo libro de la *Teseida*; la versión inglesa, en el *Knightes Tale*. (OI, 199)

Sin dejar de ignorar la absoluta e hiperbólica manera en que Borges explica este cambio histórico-literario — sabemos que tales desarrollos no ocurren de la noche a la mañana —, nos interesa subrayar lo que implica para la traducción como vehículo de nuevas direcciones estilísticas. Aunque posibles factores del azar o de un error de interpretación, las divergencias que exhiben las traducciones pueden representar aperturas en nuestra historia. Cabría notar la ironía de que Chaucer al expresar el concepto de traición, "Tradimenti", de manera perifrástica, sin mencionarlo directamente. Para Borges, la infidelidad que supuestamente conlleva el acto de traducir — *traduttore, traditore* — deviene innovación, ruptura de signo positivo. Habría que rescatar los llamados abusos o errores de la traducción, en manos de un autor del calibre de Chaucer, y revalorarlos como posibles signos que informen cambios históricos y estilísticos. La tendencia de Borges de explicar las grandes verdades de la historia mediante textos y escrituras oblicuas, oscuras, y hasta algunas tradicionalmente insignificantes, anticipa ya dicha incipiente aproximación crítica.

Un texto traducido no debe ser, por definición, inferior a su original. Ya para 1932, Borges afirma que si un texto es todos los textos, premisa de su panteísmo literario, entonces no se puede ni debe distinguir entre el original y su traducción, ya que ninguno se puede calificar como el "texto definitivo". Trata así de desmitificar la autoría y autoridad del llamado "original", huella, como ya hemos visto, de la herencia de los traductores bíblicos. De ahí la referencia a "la religión" en el siguiente comentario:

> Presuponer que toda recombinación de elementos es obligatoriamente inferior a su original, es presuponer que el borrador 9 es obligatoriamente inferior al borrador H — ya que no puede haber sino borradores. El concepto de *texto definitivo* no corresponde sino a la religión o al cansancio. (D, 105-106)

La imagen de "borradores", la cual no admite distinciones entre original y traducción, resulta del "escepticismo" borgesiano que considera toda la literatura como una reescritura de las metáforas encontradas en la obra de Homero. Influido por el pensamiento de Ralph Waldo Emerson, a quien Borges cita en su ensayo "La flor de Coleridge", el escritor argentino no encuentra originalidad en los temas literarios, sino en su formulación. Emerson ha dicho: "Diríase que una sola persona ha redactado cuantos libros hay en el mundo; tal unidad central hay en ellos que es innegable que son obra de un solo caballero omnisciente". (OI, 19) Octavio Paz utiliza el concepto de analogía para indicar una visión similar sobre la vasta influencia totalizadora de la poesía francesa simbolista en la poesía moderna. Vale la pena citarlo para ilustrar las diversas formulaciones en que aparece el mismo tema a través de la literatura y de la crítica moderna:

> cada poeta es una estrofa de ese poema de poemas que es la poesía francesa y cada poema es una versión, una metáfora de ese texto plural. Si un poema es un sistema de equivalencias, como ha dicho Roman Jakobson – rimas y aliteraciones que son ecos, ritmos que son juegos de reflejos, identidad de las metáforas y comparaciones–, la poesía francesa se resuelve también en un sistema de sistemas de equivalencias, una analogía de analogías. A su vez, ese sistema analógico es una analogía del romanticismo original de alemanes e ingleses. Si queremos comprender la unidad de la poesía europea sin atentar contra su pluralidad, debemos concebirla como un sistema analógico: cada obra es una realidad única y, simultáneamente, es una traducción de las otras. Una traducción: una metáfora.[113]

Paz emplea los términos de *analogía, traducción* y *metáfora* para describir la naturaleza intertextual y hermenéutica que forma la base de la historia literaria. Cada movimiento y época es en sí una traducción de la literatura anterior que la ha nutrido y de la que, a la vez, se separa. Traducción en el sentido de herencia hermenéutica, y metáfora en cuanto que alude a otro texto pero de manera diferente. La mención de Jakobson nos revela los paralelos de esta perspectiva con el movimiento formalista ruso, el cual concuerda con la des-originalización de los temas literarios, y el reafirmar de la individualidad de las formas. De hecho, para Borges la traducción no es sólo un acto literario sino, de mayor esencia, una metáfora que encapsula la dinámica pluralista y panteísta de la historia literaria.

---

[113] Octavio Paz, *Los hijos del limo* (Barcelona: Seix Barral, 1974), pp. 99-100.

La otra cara de la moneda es el hecho de que tal premisa panteísta afecta las definiciones ya establecidas de la traducción. No podemos, pues, hablar de traducciones ni de originales cuando los textos literarios son *traducciones*, a su vez, de una literatura anterior; cada autor utiliza la tradición literaria que conoce para expresar sus propias ideas en un estilo personal. En consecuencia, un texto traducido asimismo goza de una realidad propia, de una recombinación idiosincrática de los elementos presentes en el texto previo, y de una nueva realidad lingüística que implica otras perspectivas. Una traducción, al igual que cualquier texto literario, corresponde al concepto de "palimpsesto" en la obra narrativa y en los ensayos de Borges.[114]

En "Pierre Menard...", nótese que dos de sus "obras visibles" son traducciones y que Borges califica ese Quijote final, claro ejemplo de una traducción diacrónica, como un "palimpsesto" (p. 46). Al describir la tarea de Menard, la define como una "empresa complejísima y de antemano fútil", pues "dedica sus escrúpulos y vigilias a repetir en un idioma ajeno un libro preexistente" (p. 45). Esta descripción refleja una actitud escéptica ante la traducibilidad de cualquier texto, sin que por eso niegue la necesidad inevitable de la praxis de la traducción. En "Pierre Menard..." Borges identifica ambos conceptos, traducción y palimpsesto. Según el excelente análisis de Jaime Concha, otras fábulas borgesianas de la historia como traducción son "El acercamiento de Almotásim" y "El inmortal". En ambas se desarrollan tres conceptos claves: "desplazamiento, contaminación y traducción". La presencia del palimpsesto en el primer cuento citado subraya "la fabulación de la institución libresca, ese mundo de ediciones, impresiones y reproducciones que Borges nos presenta". En "El inmortal" ya se ve el fenómeno de la contaminación en el habla de Cartaphilus, como en su manuscrito; el texto traducido como metáfora de ese "contrato institucional de la literatura" y el enlace entre historia y traducción se revela en la imagen, ya discutida, de la historia literaria como un "vasto reciclaje", "transmigración" de unas obras en las otras. (Concha, p. 485) Todos estos conceptos utilizados por la crítica borgesiana, *panteísmo*, *palimpsesto*, *transmigración*, y *reciclaje*, entre otros, apuntalan ese eje

---

[114] El concepto de traducción en la obra de Borges coincide con el de "palimpseste" según lo define Gerard Genette, en *Palimpsestes: La littérature au second degré* (París: Seuil, 1982). Ramona Lagos, en *Laberintos del espíritu, interjecciones del cuerpo* (Barcelona: Edicions del Mall, 1986), p. 157, observa dicha relación al señalar a Borges como precursor del estructuralismo francés en cuanto al empleo de tres conceptos claves: "verosimilitud", "intertextualidad" y "contratexto".

central de la poética del argentino alrededor del cual gira el concepto de la traducción.

En las conferencias "Charles Eliot Norton" en la Universidad de Harvard en 1962, de nuevo Borges puso en duda la diferencia arbitraria entre original y traducción, la cual implica la inferioridad inherente de ésta y afecta la manera en que se evalúa:

> The difference between a translation and the original is not a difference in the texts themselves. I suppose if we did not know that one was the original and the other a translation, we could judge them fairly. But happily, we cannot do this. So the translator's work is always supposed to be inferior, what's worse, it's felt to be inferior, even though verbally one may be, the rendering may be as good as the text.[115]

De hecho, la relativa (y asimismo relativista) variedad que exhiben las traducciones de una obra facilita en el lector una serie de percepciones más amplias de las que se obtienen con la lectura única del original. Una traducción, pues, cobra significado por su valor no tanto como equivalente o sustituto de la obra traducida, sino como camino hacia ésta, como una perspectiva más, otra interpretación que nos acerque a la obra primera. Aun cuando Ortega y Gasset, en su ensayo "Miseria y esplendor de la traducción", haya expresado una actitud mucho más cínica y negativa de la que intentamos establecer en nuestro estudio, el filósofo español no dejó de reconocer la virtualidad hermenéutica y diversificadora de dicho arte, y juzgó imprescindible la variedad o pluralidad que representan las traducciones para poder llegar a entender la complejidad semántica de un texto. Alfonso Reyes reafirmó esta necesidad más bien desde el punto de vista fenomenológico, ya que "la percepción de cada lector dará lugar a un texto distinto".[116] Por lo tanto, el traductor, como lector idóneo –muy atento a los detalles más mínimos y con una intención especial ya definida–, recreará un texto influido por su manera de ser, por sus lecturas anteriores, por sus experiencias vivenciales, por sus intenciones literarias, por una gama de

---

[115] Jorge Luis Borges, "Word-Music and Translation", Conferencias de Charles Eliot Norton, Harvard University, Cambridge, Massachusetts, 1962.

[116] Véanse José Ortega y Gasset, "Miseria y esplendor de la traducción", en *Obras completas*, V (1933-1941), 4a ed. (Madrid: Revista de Occidente, 1958), p. 450, y Alfonso Reyes, "Apodo de la literatura", en *La experiencia literaria* (Buenos Aires: Editorial Losada, 1942), p. 78.

factores lingüísticos, literarios e históricos que no cabría mencionar aquí.

Es curioso, propone Borges, que la desventaja del lector que no conoce una lengua puede ser, irónicamente, una precondición para gozar la enorme riqueza que las varias traducciones de una obra pueden ofrecerle. Borges nos confiesa que su ignorancia del griego y del árabe lo obligó a disfrutar las variadas traducciones de la Odisea y de *Las mil y una noches*. Desafortunadamente, como lector del Quijote en español, no ha podido experimentar tal riqueza perceptiva y fluctuante, pues su conocimiento innato de la lengua ya le había formado "un monumento uniforme" de esta obra.[117] El conocimiento congénito de un lenguaje limita, en cierto modo, al lector, pues la formación y familiaridad lingüística facilita la proyección de una imagen final – en términos textuales– de una obra. Además, el lector puede establecer las diferencias entre el lenguaje del autor, el de la época y el suyo propio. Pero en una traducción de una obra en "lengua muerta", como la Odisea, el lector goza del desconocimiento y la ambigüedad entre el lenguaje del autor, del traductor y de la época en que se escribió. Borges nos habla de la "dificultad feliz", esa dificultad "categórica de saber lo que pertenece al poeta y lo que pertenece al lenguaje". Dicha ambigüedad posibilita "tantas versiones, todas sinceras, genuinas y divergentes". (D, 109)

La apertura perceptiva que ofrecen al lector las diversas traducciones de una obra se encarna en la práctica de la traducción. Ya vimos la creciente importancia de la "versión" desde el modernismo, y en la literatura moderna y contemporánea, como alternativa a la aproximación autoritaria y absoluta a la traducción. Alfonso Reyes, por ejemplo, encarna esta idea en su obra *Mallarmé entre nosotros*, en la cual ofrece al lector tres versiones del mismo poema, en este caso, "El abanico de Mademoiselle Mallarmé".[118] La primera es una traducción en prosa, que, según Reyes, "nos permitiría entender todo lo que haya que entender: trazar la línea de las oraciones, y fijar la escena dramática que hay en todo el poema...". La segunda versión es la "rítmica", que "nos acercará más al calor emocional, que no viene sólo de 'entender' ". A diferencia de la primera, que se caracteriza por su fidelidad, ésta es infiel en cuanto a las "infidelidades ligeras que aquí –como en todo–

---

[117] Borges reafirma dicha experiencia como lector en *Siete conversaciones con Jorge Luis Borges* de Fernando Sorrentino (Buenos Aires: Casa Pardo, S.A., 1973), p. 71.

[118] Alfonso Reyes, en *Mallarmé entre nosotros*, 2a ed. (México: Tezontle, 1955), p. 63, comenta: "No considero como definitiva ninguna de las versiones que propongo a continuación. La traducción poética obliga a retoques constantes."

son indispensables a la verdadera fidelidad. Así, además de entender, podremos gustar." El tercer texto se podría considerar una "recreación" del poema de Mallarmé; éste "procura *crear de nuevo* la poesía de Mallarmé, sujetándose a la ley severa de su estrofa, con una equivalencia que esté más allá de lo literal". (Reyes, 1955, p. 56) Esta última constituiría la traducción poética en sí.

La división fenomenológica entre dichas versiones se basa en la naturaleza tripartita de la poesía que Reyes, por lo visto, ha considerado. Más que una división maniqueísta entre fondo y forma –aparente en las dos primeras versiones–, o de base hegeliana de tesis, antítesis y síntesis, preferimos una división basada en las variadas percepciones del lector u oyente: entendimiento, sentimiento y acción (o voluntad). Las omisiones y énfasis que Reyes seleccionó para sus traducciones de Mallarmé, y el hecho de que decidió presentar tres versiones en vez de una, ejemplifica la doble naturaleza de cualquier traducción: es un texto único, pero a la vez parcial, incompleto; sólo puede ser completado y complementado con otras versiones. En este caso, las traducciones funcionan como medios de aproximación al llamado original. Son interpretaciones, versiones personales y parciales, que parten del texto primero y que a la vez lo reflejan. Es un proceso circular e interminable, como un microcosmos sincrónico de la historia literaria universal.

Podríamos, pues, definir las traducciones de un texto como sus variantes, como versiones que delatan su virtualidad expresiva y, según Borges, como "un parcial y precioso documento de las vicisitudes que sufre un texto" (D, 105). Para el escritor argentino, facilitan la discusión estética de un original, ya que representan una variedad de perspectivas que se proyectan desde y hacia el presunto original. ¿Qué son, se pregunta en "Las versiones homéricas", "las muchas (traducciones) de la Ilíada de Chapman a Magnien sino diversas perspectivas de un hecho móvil, sino un largo sorteo experimental de omisiones y énfasis"? (D, 105) Ninguna otra cita podría describir con tanta precisión el experimento de Alfonso Reyes con sus tres versiones de Mallarmé, experimento que ilustra la práctica moderna de la traducción en su potencial hermenéutico o crítico. ¿No es ésta la idea germinal de las teorías literarias post-estructuralistas que definen el texto como complemento y suplemento de otros, rompiendo con los criterios de autoría y absoluta originalidad?

En cuanto a la obra de Borges, se podría establecer una analogía entre las traducciones en relación con su original y las diversas perspectivas teóricas que el hombre ha creado para acercarse a su mundo y explicarlo. El idealismo filosófico que matiza la actitud borgesiana hacia la traducción literaria invariablemente no la condena como inferior o superior al texto primero, sino que la establece como una de las diversas perspectivas que se pueden derivar de éste. Al igual que las teorías infinitas que existen para explicar el mundo, ninguna y todas las traducciones de un texto son válidas en cuanto a su valor hermenéutico.

Borges, Virginia Woolf y el *Orlando*

Bajo estos principios perspectivistas nos acercamos a la traducción de Borges del *Orlando* de Virginia Woolf, texto que no juzgamos inferior o superior al llamado original, sino como una perspectiva más de éste. Nuestro traductor es fiel a la esencia temática y narrativa de la obra en inglés, como lo es asimismo a su intuición y conocimiento de escritor hispano. Mientras que obedece sustancialmente al original, logra a la vez mejorar el estilo de la obra con su manejo cuidadoso del español, formulando un lenguaje literario que se percibe en sus narraciones y en su obra anterior y posterior a esta traducción.

Aunque la crítica indudablemente ya lo ha establecido, valdría la pena subrayar aquí la familiaridad de Borges con los escritores ingleses y norteamericanos, su vasto conocimiento de sus obras, y su amor por ellos. No favoreció necesariamente a los autores canonizados, y sus predilecciones por Stevenson, Chesterton y Wells son algo oblicuas, como ya ha indicado Ronald Christ.[119] La traducción de Borges del cuento *The Happy Prince* de Oscar Wilde que hizo a los nueve años, fue motivo simbólico de lo que luego considerará la impersonalidad de la autoría. Según Ronald Christ, el hecho de que esta traducción fuera adoptada por un maestro local en su clase de inglés, creyendo que había sido traducida por el padre de Borges, ya anticipa, aunque de modo circunstancial, esas futuras teorías sobre la insignificancia del individualismo literario. (Christ, 1969, p. 46) Sus traducciones y lecturas de Stevenson y de Whitman – éste último lo estudiaremos más adelante –, entre otros, encuentran su base en la visión panteísta de la literatura, en la narrativa y en la poesía, respectivamente. ¿Sería mera coincidencia, pues, que el *Orlando* de Woolf presente el recurso del

---

[119] Ronald Christ, *The Narrow Act: Borges' Art of Allusion* (Nueva York: New York University Press, 1969), p. 46. Además de los autores ingleses ya mencionados, Borges tradujo *The Wild Palms* de William Faulkner, *Las palmeras salvajes* (1940), y la última página del *Ulysses* de James Joyce que aparece en la revista *Proa* 6 (enero 1925): 8-9, acompañada de un ensayo escrito por Borges titulado "El *Ulises* de Joyce".

personaje panteísta que vive 300 años para que así el narrador o narradora juzgue y parodie diversas épocas y modas literarias inglesas? Un factor interesante (de ésos que parecen ser la coincidencia perfecta en beneficio del crítico) es el hecho de que Woolf aparentemente escribió el *Orlando* como escape a la seria técnica novelística que entonces practicaba. Esto resultó en un estilo menos trabajado.[120] Borges comentó que dicho estilo es el que mejor resiste a una variedad de traducciones, incluyendo las más descuidadas. Ofrece, como ejemplo, la obvia diferencia entre las muchas versiones que el *Quijote* ha sobrevivido en contraste con la casi invencible tarea de traducir un verso de Góngora.[121] Aunque sabemos que la traducción del *Orlando* le fue encargada a Borges por la revista *Sur* –dato que explica la selección del texto– nos atrevemos a suponer que de haber Borges traducido las otras novelas de Woolf, como *Mrs. Dalloway* o *To the Lighthouse*, éste se hubiera confrontado con un lenguaje mucho más estilizado e impregnado de serias implicaciones sicológicas y sexuales que en el del *Orlando*. En esta novela, en cambio, el lenguaje se desborda en alusiones literarias expresadas libremente. La variedad cambiante del estilo, su naturaleza lúdica que desemboca en la parodia literaria, le ofrecía a nuestro traductor más libertad en su selección expresiva. Borges, sin traicionar a Woolf, no desaprovecha esta libertad. En general el argentino se mantiene fiel a la novela en inglés. Las mejoras y los cambios que efectuó obedecen, más bien, a la función

---

[120] John Graham, en "The 'Caricature Value' of Parody and Fantasy in *Orlando*", en *Virginia Woolf: A Collection of Critical Essays*, ed. Claire Sprague (New Jersey: Prentice-Hall, 1971), p. 102, describe esta circunstancia en la génesis de la obra: "On the surface, *Orlando* is simply a playful fantasy, conceived as an *escape* from the labour of writing 'these serious poetic experimental books whose form is always so closely considered', designed only to amuse, and written for fun. Nearly two-thirds of the first draft was written at top speed between October and December, 1927, but the third was not completed until March of 1928..." En esta última parte de la obra es donde Woolf de nuevo emplea seriamente un estilo sicológico y, debido a esta inconsecuencia, la obra ha sido criticada con frecuencia.

[121] Borges, en "La supersticiosa ética del lector", *Discusión*, p. 48, dice al respecto: "la página 'perfecta' es la que consta de esos delicados valores y la que con facilidad mayor se desgasta. Inversamente, la página que tiene vocación de inmortalidad puede atravesar el fuego de las erratas, de las versiones aproximativas, de las distraídas lecturas, de las incomprensiones, sin dejar el alma en la prueba. No se puede impunemente variar (así lo afirman quienes reestablecen su texto) ninguna línea de las fabricadas por Góngora; pero el *Quijote* gana póstumas batallas contra sus traductores y sobrevive a toda descuidada versión." Véase también sus comentarios en *Siete conversaciones*, pp. 36-37, donde alaba a Shakespeare por ser intraducible y por su "artificio verbal", y reconoce a la vez su actitud contradictoria: "Sí, la verdad es que yo aquí estoy contradiciéndome." Esto, sin embargo, no afecta su idea básica sobre cómo la diferencia de estilos determina las posibilidades y éxitos al ser traducidos.

renovadora de Borges como estilista y como escritor en español, al igual
que a su actitud editorial como traductor, la que lo condujo a pulir y a
mejorar el original según lo consideró necesario.[122]
  Al igual que en su traducción al español de *The Wild Palms*, *Las
palmeras salvajes*, de William Faulkner, Borges mantiene el estilo
musical y los patrones fónicos del *Orlando*, fidelidad exigida en este
último caso por la función sicológica del nivel sonoro en la obra.[123] Su
naturaleza musical se encuentra tanto en los sonidos de las palabras y
en el ritmo de las frases, como en los *leimotifs* que imparten unidad
subjetiva a la novela. El valor fónico musical, vehículo de recurrencias,
contrarresta el desarrollo temporal anacrónico y fragmentado de la
obra, desarrollo que comienza en la época isabelina en Inglaterra y
termina en la primera mitad del siglo veinte y que enmarca,
fantásticamente, la vida del protagonista.
  Como una de las "diversas perspectivas" del *Orlando*, hay dos
factores o variables, las omisiones y los énfasis, que, en sus peculiares
instancias, harán del texto en español una nueva aproximación a la
novela de Woolf. Ciertas supresiones y cambios expresivos del original
se explican dentro del objetivo del traductor de ofrecernos una obra
más clara y definida en cuanto a sus implicaciones semánticas, y de
pulir los ripios y la fecundidad expresiva del texto en inglés. Por un
lado, existen omisiones que no encuentran otra justificación literaria
excepto la voluntad de economía verbal de Borges. Por otro, el omitir
la metáfora "The night was of *so inky a blackness*" (p. 58) en "La noche
era *tan negra*" (p. 58) no sólo indica el deseo de economía verbal, sino
que también demuestra el rechazo por un Borges ex-ultraísta de las
metáforas de naturaleza vanguardista, como la mencionada. Otros
recursos utilizados para establecer una obra más concentrada y menos
difusa, son los siguientes: recombinar los elementos gramaticales en la
oración, nominalizar los adjetivos, y el uso de la hipálage, éste último
ilustrado en la siguiente cita: "after several months of *such feverish
labor*" (p. 82)/"después de muchos meses *afiebrados y laboriosos*" (p.
82). La actitud de editor del argentino, como se ilustra en este caso, lo

---

[122] Las páginas citadas en el texto corresponden al *Orlando: A Biography* de Virginia
Woolf (New York: Harcourt, Brace & Co., 1928) y al *Orlando*, traducido por Borges,
4a ed. (Buenos Aires: Editorial Sudamericana, 1951).

[123] Véase de María Elena Bravo, "Borges traductor: el caso de *The Wild Palms* de
William Faulkner", *Insula* 40:462 (mayo 1985): 11-12: "Hay en la novela muchos
ejemplos en los que se percibe la identidad melódica de las dos lenguas como un
objetivo buscado por el traductor."

motiva a evitar los innumerables clisés y lugares comunes que en el texto de Woolf fundamentan el tono paródico.

En su función editorial, Borges intenta estilizar el lenguaje de la novela para ofrecer más claridad y concisión. Divide los largos e interminables párrafos de Virginia Woolf de acuerdo con los cambios de enfoque por parte del narrador, estrategia asimismo patente en *Las palmeras salvajes*.[124] Tal divergencia en el formato es muy efectiva, por ejemplo, cuando el narrador confiesa al lector el cambio de sexo en nuestro(¿a?) protagonista, mudanza cuya expresión adquiere cierta autonomía y poder enfático dentro de una oración que en sí constituye un párrafo.

> "...Truth! Truth! Truth! we have no choice left but confess
> –he was a woman." (p. 137)

> "...¡Verdad! ¡Verdad! ¡Verdad!
>
> Debemos confesarlo: era una mujer." (p. 137)

Es posible, además, que el énfasis visual producido por la oración-párrafo en español haya sido una estrategia para compensar la pérdida de la sorpresa lingüística que conlleva el uso del sujeto "he" en el texto inglés. Borges transforma "He was a woman" en "era una mujer", aprovechando el sujeto implícito en español, pero renunciando al efecto sorprendente del inglés en su traslado al español. Es decir, si hubiera utilizado el sujeto "El", habría creado un doble efecto sorprendente ya que en español el empleo del pronombre, cuando no es necesario, expresa cierto énfasis.

Borges asimismo emplea el paréntesis en el texto traducido de manera singular, recurso ausente en el *Orlando* de Woolf. Dicho uso es análogo, sin embargo, al del paréntesis en su obra narrativa, en la cual asume importancia semántica. No hay más que indicar el primer paréntesis en su cuento "La biblioteca de Babel" – "El universo (que otros llaman la Biblioteca)...", dentro del cual se establece la alegoría principal de la Biblioteca como el universo, relación que explica la

---

[124] Según Bravo, p. 11, "Este interés por aclarar e insertar la apariencia de los conjuntos fónicos en patrones tradicionales del discurso se ve con relativa frecuencia en la división de los párrafos que pueden resultar excesivamente largos. La inserción de medidas convencionales en los grupos fónicos es un aspecto que la prosa faulkneriana suele rehusar, causándose así una impresión distinta al original."

totalidad del relato –, para establecer la dinámica significadora de este
recurso en la obra de Borges. Aunque en el *Orlando* los paréntesis
parecen insignificantes en comparación con el ejemplo citado, conllevan,
entre otras cosas, cierto peso de ironía, de humorismo y hasta de
autoparodia.[125] En una instancia en particular, el paréntesis añadido
asume el valor teatral de dirección escénica:

> "Truth, come not out from your horrid den. Hide deeper, fearful
> Truth. [...]
> Hide! Hide! Hide!"
> Here they make as if to cover Orlando with their draperies.
> The trumpets, meanwhile, still blare forth:
> "The Truth and nothing but the Truth"(p. 136)

> "Verdad, no salgas de tu obscena caverna. Húndete más abajo,
> horrible Verdad.
> [...] Ocúltate, ocúltate, ocúltate."
> (Aquí, hacen el ademán de cubrir a Orlando con sus velos). Las
> trompetas, mientras, retumban: "La Verdad y sólo la Verdad". (p.
> 135)

A través de su selección de hispanismos y de argentinismos Borges
demuestra más directamente el papel del traductor como redactor. Este
tiene que tomar en cuenta al público a quien se dirige y el lenguaje de
ese público para que la obra comunique en un nivel universal además
de ser expresión artística particular. Mediante su función de
intermediario cultural Borges ejerce sus destrezas interpretativas. Toda
traducción, como lectura del primer texto, va a resultar explicativa y
aclaradora. Va a ser asimismo una fuente de información sobre una
cultura foránea, en este caso, la cultura e historia inglesa. Avido lector
de obras inglesas y europeas, Borges es consciente de estos obstáculos.
Al hablar sobre el Capitán Burton, uno de los traductores al inglés de
Las mil y una noches, menciona el factor de la variedad de lectores y
cómo Burton resolvió esa "diferencia fundamental entre el primitivo
auditorio de los relatos y el club de (sus) suscriptores":

---

[125] Bravo, p. 11, opina que "no le parece justificable" el "esfuerzo aclaratorio por
parte del traductor" en la novela de Faulkner, ya que "la prosa faulkneriana" es
conocida "como laberíntica". La creación de los paréntesis es una de las estrategias
editoriales de Borges, al parecer, en todas sus traducciones de la ficción moderna,
recurso que asimismo caracteriza su propio estilo. Otros ejemplos del paréntesis
añadido en el *Orlando* de Borges ocurren en las siguientes páginas de la edición
mencionada: 24, 35, 44, 73, 76, 77, 81, 119, 137, 139 y 154.

Aquellos eran pícaros, noveleros, analfabetos, infinitamente suspicaces de lo presente, y crédulos de la maravilla remota; éstos eran señores del West End, aptos para el desdén y la erudición y no para el espanto o la risotada [...] Para que los suscriptores no se le fueran, Burton abundó en notas explicativas "de las costumbres de los hombres islámicos". (HE, 114)

Aunque en este caso en particular, Burton ejerció un papel editorial para llamar la atención de sus lectores, personas eruditas y de clase alta, todo traductor de obras narrativas ineludiblemente asumirá ese papel de explicador, de informante cultural, de intérprete e intermediario. Borges no "abunda" en notas explicativas a lo Burton, pero sí aclara para su público lector argentino detalles locales que sólo un inglés reconocería: "going frequently to Wapping Old Stairs and *such places* at night..." (p.29)/"de noche a frecuentar Wapping Old Stairs y las cervecerías..."(p. 29).

Utiliza además términos que crean un aire de familiaridad para el lector, aunque en algunos casos sacrifique la precisión literal del término: "*half a mile* away"/" a una *media legua*" (p. 69). Dentro de una descripción de un banquete en la Inglaterra isabelina, Borges introduce un localismo argentino (en realidad, del Cono Sur), aumentando todavía más el anacronismo y la universalidad que impregnan la novela:

The one helped her largely to horse-radish sauce, the other whistled to his dog and made him beg for a *marrow bone*. (p.39)

Uno le sirvió copiosamente salsa de rábanos, otro silbó a su perro y le hizo pedir *caracú*. (p. 40)

Los coloquialismos comparten el mismo valor de los localismos, el de facilitar instancias de identificación entre la obra y el nuevo lector. Parece ser una estrategia comúnmente utilizada por Borges, como vemos hasta en su traducción al español de la última página del *Ulises* de James Joyce.[126]

Acaso para compensar, en el *Orlando* nuestro traductor simultáneamente mantiene en inglés palabras como "muffin" (p. 226), "crumpet" (p. 226) y "hall" (p. 171). Estos vocablos ingleses se refieren a realidades culturales intransferibles a otro idioma, como son los objetos gastronómicos, las alusiones a comida, vestido y otros signos culturales concretos. Lo de "hall" no es consistente. A veces Borges lo traduce como "salón" ("the banqueting-hall", p. 21/"salón de banquetes", p. 21) y otras decide mantenerlo en inglés, particularmente cuando coincide con el sentido en español de "vestíbulo" ("The great hall never seemed so large", p. 94/"El vasto *hall* nunca había parecido tan vasto", p. 94). Sus lectores no entenderían la palabra *hall* en su acepción de salón, mientras que, como vestíbulo, se conoce y entiende. La decisión de no siempre traducir refleja, por un lado, el uso del anglicismo "hall" en el Cono Sur. Por otro lado, se mantiene el espíritu y el ambiente cultural de la obra a pesar de sus incursiones localistas.

Borges logra reconciliar las tendencias literales y literarias que confluyen en el acto de traducir. En su *Orlando*, presenta al público argentino e hispano una versión "un tanto personal", en cuanto a su manejo del español, a su actitud editorialista y mejoras al estilo de Woolf, y en cuanto a su uso de coloquialismos y localismos. Sin embargo, ha traducido "con un rigor resignado" gracias a la importancia que le otorga a la lealtad como uno de los mandamientos principales del que traduce. Es, si bien recordamos, el "efecto civilizador" de la traducción del cual habla Paz en sus ensayos. El contexto y el texto deben ser transpuestos con fidelidad y con respeto, sin dejar de distinguir entre el detalle esencial y el desechable, el ripio. Como intérprete del *Orlando*, nos ofrece una novela con el tema, la estructura, y la parodia del original, pero vertidos en un español característicamente suyo en cuanto a su atención al detalle mínimo, construyendo así un texto más conciso, más claro y más informativo en cuanto al ambiente inglés en el que se desenvuelve la trama. María Elena Bravo ha llegado a conclusiones similares en su reseña de *Las palmeras salvajes*, confirmando que las estrategias de traducción de Borges son consistentes, y no arbitrarias. Es más, los paralelismos reafirman su posición como traductor ante el texto y, en particular, ante

---

[126] En "La última hoja del *Ulises*" encontramos los siguientes coloquialismos: "all sort of shapes and smells and colours"/"*con cuanta forma Dios creó* y olores y colores"; "I wouldn't give a snap of my two fingers..."/"*me importa un pito*..."; "the sun shines for you"/"y para *vos* hoy brilla el sol".

dos novelas en inglés de estilo psicológico, ambiguo, y subjetivo ("stream of consciousness"), muy antagónicos al de la propia narrativa borgesiana.[127]

Borges, Whitman y *Hojas de hierba*

En sus traducciones poéticas, Borges asume por igual un papel editorialista, crítico y hermenéutico. Sus traducciones de los poemas de Walt Whitman demuestran un constante esfuerzo de hacer y rehacer el texto. Este rasgo de apertura es esencial para el proceso de la traducción. Cada versión representa una perspectiva que puede sugerir otra similar, pero relativamente distinta. Dentro del marco de la obra de un poeta-traductor, como en el caso de Borges, podemos trazar y comparar las varias versiones que ha producido de las obras de otros, e indicar los respectivos valores de cada una de acuerdo a las semejanzas y divergencias entre dichos esfuerzos.

Borges tradujo sus primeros poemas de Walt Whitman alrededor de 1927, traducciones que ya se anunciaron el 26 de febrero del mismo año en la revista *Número* y que se publicaron como parte de dos ensayos, "El otro Whitman" (1929) y "Nota sobre Whitman" (sin fecha).[128] Cuarenta años más tarde, aparece su traducción de selecciones de *Leaves of Grass* del hijo de Manhattan, obra finísima con ilustraciones y grabados cuya encuadernación y hechura física justifica categorizarla como una obra de arte en el sentido más amplio de la palabra.[129] Hay varios poemas comunes en las traducciones tempranas y en esta edición más tardía. Sin embargo, los primeros aparecen dentro de un contexto crítico y ensayístico, y éstos son utilizados para encaminar al lector hacia la obra de Whitman desde el punto de vista de Borges, ensayista y lector. La descripción de Ortega y Gasset sobre

---

[127] Citamos las conclusiones de María Elena Bravo en su análisis de *Las palmeras salvajes*, p. 12: "Se puede concluir que existen ciertas limitaciones en la versión de Borges, todas ellas en el plano más sencillo: en unidades mínimas de significación: algunas palabras poco adecuadas, cambios de puntuación, contadísimas interpretaciones cuestionables. Borges ha logrado captar la melodía faulkneriana, el tono de intensidad poética, tan prolongado en la novela, se ha mantenido en idéntico grado o incluso en algunos momentos ha crecido, si bien siempre en la dirección original; tal fidelidad, tanta hondura, sólo pueden deberse a un artista, a otro poeta."

[128] Véase Ronald Christ, pp. 53-54. Los dos ensayos de Borges sobre Whitman aparecen en *Discusión*, pp. 51-54 y 121-128, respectivamente.

[129] Jorge Luis Borges, trad. *Hojas de hierba* de Walt Whitman (Buenos Aires: Juárez Editor, 1969). Las ilustraciones son de Antonio Berni. De aquí en adelante, las páginas citadas corresponderán a esta edición, y se indican en el texto con la inicial HH.

un texto traducido como "un aparato, un artificio técnico que nos acerca" a la obra original "sin pretender jamás repetirla y sustituirla" sería parcialmente acertada en este caso. (Ortega y Gasset, p. 449) Hay traducciones que sirven un propósito técnico y secundario y por ello no deben considerarse obras poéticas en sí mismas; su valor reside en su función meramente crítica, como un instrumento más de acercamiento al texto. Estas, muchas veces, consisten en una paráfrasis del original; otras, son versiones totalmente literales, que no toman en cuenta los aspectos poéticos ni el contexto estético del modelo. Las traducciones borgesianas de 1929 de Whitman, como citas ensayísticas, obedecen a este paradigma. Según Didier T. Jaén, sin embargo, aunque literales estas versiones

> adquieren alcances desacostumbrados para el inocente lector de Whitman, inesperados visos metafísicos, no de la metafísica naturalista o panteísta que es clara en Whitman, sino de una metafísica paradojal, de "double-meanings", típicamente borgesiana.[130]

No podemos pretender, claro está, que un poeta traduzca la obra de otro poeta de un modo totalmente técnico y literal. Es imposible suponer que Borges no haya agregado algo de sus preocupaciones metafísicas – que nutren su propia poesía– a sus traducciones de Whitman. De hecho, ese elemento de permeabilidad poética se verá más claramente en su edición de *Hojas de hierba*. Sin embargo, el mismo Borges, en su ensayo "El otro Whitman", presenta sus traducciones como una "demostración" de su tesis ensayística: el que Whitman fuera un poeta a veces de un laconismo "trémulo y suficiente" (D, 153) y no sólo un "varón meramente saludador y mundial". (D, p. 52) En su tarea demostrativa, sus traducciones no son ni paráfrasis ni explicaciones de los poemas de Whitman. Son traducciones rigurosamente literales que intentan ofrecer al lector hispano un texto lo más fiel posible al original en cuanto a lenguaje, orden de palabras, y estructura de versos. Borges tradujo aquí con su característico "rigor resignado". Como traducciones literales, éstas cumplen una función

---

[130] Didier T. Jaén, "Borges y Whitman" en *Hispania*, 1:1 (marzo, 1967):49. Jaén menciona en específico el poema "When I read the book" que exhibe afinidades temáticas con las preocupaciones de Borges, según lo expresa el siguiente verso: "Yo mismo suelo pensar que sé poco o nada sobre mi vida real." (p. 50). Véase asimismo el artículo de Jaime Alazraki, "Enumerations as Evocations in Borges' Latest Poetry", *Poesis* 5:4 (1984):55-68, en el cual se examina el recurso de la ennumeración caótica, legado whitmanesco, en la poesía tardía de Borges.

demostrativa y crítica. Sin querer caer en la falsa suposición de que lo literal excluye lo poético, no tildaríamos estas versiones de poéticas por varias razones: primero, Borges presenta sólo fragmentos de algunos poemas de Whitman, restándole un contexto poético total; en segundo lugar, las traducciones carecen del ritmo poético del original. En fin, Borges traspone prosaicamente al español el "verso libre" de Whitman. Por ejemplo, en "Once I Passed through a Populous City", leemos versos como: "estampando para futuro empleo en la mente" ("imprinting my brain for future use") y "recuerdo, afirmo, sólo esa mujer que apasionadamente se apegó a mí" ("I remember, I say only that woman who passionately clung to me").[131]

Cuarenta años después, Borges publica *Hojas de hierba*, que incluye dicho poema. La versión de 1969 resulta mucho más concentrada lingüísticamente, con un ritmo poético más fluido y, en ciertas instancias, menos literal que la versión anterior. Al releer y comparar los versos ya discutidos, observamos un intento de estilización y una voluntad de emplear un lenguaje más concentrado, menos rígido y más natural:

versión 1929:	estampando para futuro empleo en la mente (D, p. 53)
versión 1969:	grabando en la memoria, para el futuro (HH, p. 140)

versión 1929:	recuerdo, afirmo, sólo esa mujer que apasionadamente se apegó a mí (D, p. 53)
versión 1969:	Sólo me acuerdo, lo repito, de esa mujer que se aferraba/a mí con pasión (HH, p. 140)

En el segundo ejemplo, Borges encontró un equivalente más efectivo para la frase de Whitman "I remember I say...", de naturaleza conversacional, lo cual se pierde en la primera versión. Notemos, además, el uso del imperfecto ("se aferraba") en vez del pretérito ("se apegó a mí"), subrayando así la función descriptiva de la frase. Borges evita la terminación "mente" de los adverbios, estrategia que no aparece en sus traducciones tempranas: emplea la frase "con pasión"

---

[131] Hemos utilizado la edición de *Complete Poems of Walt Whitman*, Francis Murphy, ed., (Aylesbury: Penguin Books, 1975). De aquí en adelante las páginas citadas remiten a esta edición. El texto de Borges proviene del poema incluido en "El otro Whitman", *Discusión*, p. 53.

en vez del largo y pesado "apasionadamente", que crea una redundancia fónica junto a "se apegó".

Otros cambios que contribuyen a una traducción de mejor factura poética, incluyen el definir términos más generales o vagos ("Again we wander, we love, we *separate* again": "Vagamos otra vez, nos queremos, *nos separamos* otra vez"(1929) a "De nuevo caminamos, nos queremos, de nuevo *nos decimos adiós*" (1969), y seleccionar expresiones rebozantes de significado:

Again she holds me by the hand, I must not go

versión 1929:   Otra vez me tiene de la mano, yo no debo
                irme (D, p. 53)
versión 1969:   De nuevo me retiene de la mano, no quiere
                que me vaya (HH, p. 140)

El cambio del verbo "tiene" a "retiene" proyecta un sentido de amor posesivo por parte de la mujer. Borges también cambia el sujeto de la segunda parte del verso: "yo no debo irme" se torna en "no quiere que me vaya". Aquí se tomó la libertad de dejarse llevar por sus propias intuiciones personales. Whitman dice "I must not go", frase que en realidad está más cercana en estructura y significado a la primera versión de Borges. Sin embargo, la segunda introduce el pensamiento de la mujer según lo interpreta el hablante poético, el cual concuerda con ese sentimiento de amor posesivo. Con el verbo principal imperativo "no quiere" seguido del subjuntivo ("que me vaya") Borges añade fuerza a la dimensión psicológica del poema. Su interpretación está muy cerca del poema original, si consideramos el estilo lacónico con que Whitman expresa esa posesividad. ¿Se refiere "I must not go" al pensamiento del poeta o es una cita indirecta del mensaje que la mujer está comunicándole mediante el gesto de tomarle la mano, reteniéndolo?

Para adjudicarle a sus versos cierta naturalidad de ritmo y de lenguaje, Borges explica o llena esos huecos que Whitman deja para que el lector los complete. Finalmente, Borges también refina el ritmo del español en su segunda versión del poema. Nótese en el siguiente ejemplo cómo el uso del gerundio ayuda a crear un ritmo más poético y natural que el de la versión anterior:

I see her close beside me with silent lips sad and tremulous.

1929:   Yo la veo cerca a mi lado con silenciosos labios, dolida
         y trémula.

1969:   Vuelvo a verla a mi lado con silenciosos labios, triste
         y temblando.

Si por un lado Borges añade *"Vuelvo* a verla" es porque ya en el poema
se ha establecido la importancia del recuerdo en el mundo urbano
("populous city"). La segunda versión afianza la continuidad que ofrece
la memoria, frente a la visión fragmentada y fragmentaria de la vida
citadina. Los añadidos que Borges inserta en sus traducciones no son de
naturaleza perifrástica – como en el caso de un Valencia–, ni son
agregados de un poeta que quiere escribir su propio poema mediante
una traducción –como un Paz–, sino los de un poeta-traductor muy
consciente del valor de cada palabra en el verso, y que intenta, dentro
de una fiel aproximación, ofrecer un poema en castellano tan bien
construido y tan imbuido de significado como el de Whitman. El uso
del gerundio "temblando" mejora el ritmo del español, además de que
evita la repetición torpe de "triste" y "trémula". El gerundio cumple
aquí dos funciones formales: establece, primero, un ritmo mucho más
fluido que el del texto de 1929 y, además, mantiene la aliteración del
sonido "t", evitando a la vez la redundancia sonora del "tr".[132]
   Las diferencias entre estas dos versiones del mismo poema exhiben
la importancia del propósito de una traducción como base de juicio
evaluativo. Tales divergencias reflejan asimismo el desarrollo de la
lengua de Borges desde 1929 hasta 1969, cuando su español ya ha
logrado ese grado de "invisibilidad" que se propuso en su época
temprana. Las traducciones que aparecen en sus ensayos, fieles al
original y sin miras a constituir un objeto poético en sí, son funcionales,
un "aparato" de interpretación y de crítica. Las traducciones de *Hojas
de hierba*, naturalmente, comprenden una unidad y publicación poética
y, como tal, trascienden un valor meramente explicativo. Son ahora
poemas selectos de Whitman en español filtrados a través de la
intuición poética de Borges.
   La edición argentina de *Hojas de hierba* omite el original junto al
texto español. El formato monolingüe es lo común en traducciones a

---

[132] El empleo del gerundio en Borges representa en general una excepción a la
regla. Di Giovanni, en "At Work with Borges", *The Antioch Review* 30:3-4 (Fall-Winter,
1970):293, ha comentado que el escritor argentino odiaba el uso del gerundio en español
y lo evitaba cuando era posible. En este caso, el gerundio mejoró considerablemente
la versión anterior.

la lengua española, pero además este detalle señala el deseo de Borges de que las traducciones sobrevivan por sí solas, sin necesidad de que el lector se refiera al original. Si las tempranas traducciones borgesianas de Whitman sufrían cierta falta de libertad creadora, los poemas de *Hojas de hierba*, aunque en general son traducciones bastante literales, son más refinadas en cuanto a su hechura y al manejo del idioma; además, presentan ejemplos de estrategias y libertades que contribuyen a crear versiones más justas en su idioma y de mejor ritmo y lectura. En su prólogo a *Hojas de hierba*, Borges describe su postura ante el texto en cuanto traductor:

> El idioma de Whitman es un idioma contemporáneo; centenares de años pasarán antes que sea una lengua muerta. Entonces podremos traducirlo y recrearlo en plena libertad.[...] Mientras tanto, no entreveo otra posibilidad que la de una versión como la mía, que oscila entre la interpretación personal y el rigor resignado. (HH, p. 31)

Borges traduce, pues, dejándose llevar por su propia lectura personal de la obra sin dejar de lado su característica disciplina ante el empleo de la lengua. Espera que la versión hispana goce de un español equivalente al inglés de Whitman, un español contemporáneo, coloquial y acumulativo, sin dejar de ser conciso, directo y económico.

Fernando Alegría, en sus evaluaciones de las varias traducciones al español de Walt Whitman, reafirma la importancia de la fidelidad a la estructura y vocabulario whitmanescos:

> Recordemos que Whitman, a menudo, parece un poeta errático, obtiene el efecto deseado por medio de un proceso de acumulación. La idea que desea expresar, especialmente en sus mensajes de carácter místico se le escabulle, resbalándose de verso en verso, asomándose por aquí o por allá, sin jamás entregarse íntegra. Después de ensayar una y otra metáfora se resigna a entregar el todo de su esfuerzo para que el poema entero, en sus perfecciones y defectos, nos transmita intuitivamente la verdad que no está en ninguna palabra determinada. De aquí la obligación que el traductor y el lector de Whitman tienen de acompañarle con absoluta fidelidad a través de sus enumeraciones y tanteos.[133]

---

[133] Fernando Alegría, *Walt Whitman en Hispanoamérica* (México: Studium, 1954), p. 351.

Abogando por la "absoluta fidelidad", Alegría critica la traducción de
Whitman de Armando Vasseur (1912) por las demasiadas libertades
que se tomó el traductor, además de por sus errores de interpretación,
su falta de respeto al lenguaje apostrofado de Whitman, y, finalmente,
por moralizar la sexualidad temática del poemario. Evalúa también las
de Torres-Rioseco, a quien considera literal y exacto, pero acaso
excesivamente sobrio, ya que le falta la variedad de adjetivación y
vocabulario característico de Whitman. La del español León Felipe peca
de "estridencia superimpuesta a una poesía que es sobria dentro de su
poderoso acento social místico" (p. 379), aunque en general, León
Felipe añade sus propias imágenes que le dan el "carácter de una
paráfrasis bastante libre" (p. 381). Finalmente, Alegría considera que la
traducción y edición de Concha Zardoya, *Obras escogidas de Walt
Whitman* (Madrid, 1946), es la más completa hasta esa fecha y la de
más logrado estilo. Dentro de este marco evaluativo, los textos de
Borges demuestran ese equilibrio entre el poeta que contribuye a la
traducción con sus propias intuiciones literarias y su particular
vocabulario, y el traductor o lector fiel, quien trata de mantener el
mismo tono y contexto del original. En *Hojas de hierba* Borges combina
el rigor sobrio de un Torres-Rioseco y las libertades poéticas de un
León Felipe. La suya es una traducción de equivalencias poéticas, en la
cual el lenguaje whitmanesco se mantiene en el español: las
enumeraciones, los apóstrofes, el ritmo, sus coloquialismos tanto como
sus términos filosóficos y abstractos. Borges es en todo fiel a la poética
whitmanesca. Más allá de esa fidelidad, logra crear una obra con su
propio peso hispánico y con su propio lenguaje, que no se lee como una
traducción, sino como un texto autónomo en español.

Para lograr esto, Borges utiliza coloquialismos como lo hizo en su
traducción del *Orlando*: "*I beat and pound* for the dead" (v.365)/"*Yo
doblo y redoblo* para los muertos"(p. 58). Además, mantiene el tono
coloquial de *Leaves of Grass*: "You sea! I resign myself to you also – I
guess what you mean" (p. 85)/"¡Mar! a ti me abandono también,
adivino lo que quieres decirme" (p. 63). En este último ejemplo, se
emplea la frase "lo que quieres decirme" para recalcar el tema del
panteísmo religioso de Whitman expresado en la voluntad de diálogo
entre la naturaleza y el yo poético. Borges, tomando en cuenta su
afición por la metafísica, pudo haber traducido "what you mean" con un
concepto más abstracto, como por ejemplo, "tu significado".

Otro recurso que ofrece mayor autonomía al texto hispano es el
empleo de vocablos que poseen ciertos ecos dentro de nuestra tradición
literaria. Al traducir, por ejemplo, el verso "Still, nodding night" (v.437)

en "Noche serena que me llama" (HH, p. 62), de manera fascinante Borges logra armonizar varias decisiones lingüísticas en una sola frase. No sólo evoca a Fray Luis de León con su "noche serena", sino que logra mantener el patrón fónico del verso, las consonantes *n* y *s*. Más aún, evita el gerundio "nodding" transformándolo a "que me llama". Al igual que en el ejemplo anterior, el traslado del gerundio recalca la relación de diálogo entre el hablante poético y la naturaleza.

En cuanto al léxico, Borges contribuye a la traducción con su propio vocabulario literario:

"the fitful events" (v. 72)/"los acontecimientos *azarosos*" (p. 43)

"I know I am deathless" (v.406)/"Sé que soy *inmortal*" (p. 61)

Aunque las inclusiones léxicas abstractas aparezcan a contrapelo del original, o en conflicto con la naturaleza democrática del lenguaje whitmanesco, éstas resultan fieles a la textura del original, en el cual se combina el inglés estadounidense coloquial con términos tan abstractos e intelectualizadores como los de un Borges o un Paz. Si Whitman escogió decir "I am deathless" de modo más conceptual que, por ejemplo, "I will not die", de corte menos abstracto, Borges mantiene dicho tono al traducirlo a "inmortal", en vez de una frase al modo de "Sé que nunca moriré". Por lo tanto, la presencia de términos filosóficos y de vocablos cuyos significados residen en su aspecto etimológico −recordemos la famosa "unánime noche" borgesiana− no está fuera de lugar con el tono y lenguaje ecléctico de *Leaves of Grass*.[134] En otros lugares, sin embargo, Borges cambia adjetivos y frases para mantener el tono coloquial del original: "Scattering it *freely* forever" (v. 260)/"Desparramado todo *porque* sí para siempre" (p. 53). Gracias a la estrategia de suma y resta, o de prótesis según la denomina Cynthia Chase (y que ya examinamos en el caso de Valencia y Reyes), se puede establecer una equivalencia de tono y estilo, un balance feliz entre los varios elementos textuales que, en su particularidad, no habrían encontrado traslado al segundo idioma.

En términos de la función del traductor como intérprete de la obra primogenia, Borges consideró necesario aclarar o explicarle al lector

---

[134] Para un análisis del estilo ecléctico de Whitman en *Leaves of Grass*, es decir, de la combinación del lenguaje coloquial y americano con el empleo de términos filosóficos y abstractos, véase F. O. Matthiessen, "Only a Language Experiment" en *Whitman: A Collection of Critical Essays*, ed. Roy Harvey Pearce (Englewood Cliffs, New Jersey: Prentice-Hall, 1962), pp. 70-79.

hispano —más bien *explicitar* como ha dicho Steiner—, ciertos detalles geográficos y culturales.[135] Al comienzo del poema, en los primeros versos del canto "Starting from Paumanok", Borges añade una aclaración geográfica sucinta sobre el lugar de nacimiento del yo poético: "starting from Paumanok...fish-shaped Paumanok where I was born" (v. 1)/ "Saliendo de Paumanok, *la isla* en forma de pez donde nací" (v. 1). Igualmente traduce regionalismos, por esencia intraducibles, en forma explicativa: "a Hoosier, Badger, Buckeye" (v.338) /"hombre de Indiana, de Wisconsin, de Ohio" (p.57). El uso de la estructura preposicional "sustantivo + de + sustantivo" en español sería la única alternativa. Tal esfuerzo explicativo no afecta al poema en términos estéticos; representa la única manera de ayudar al nuevo lector, ajeno a la cultura, a comprender el texto y sus referencias internas sin tener que recurrir a notas al calce o a glosarios. Borges decidió traducir esta enumeración de referentes a las identidades regionales y mantener así el sentido de la unidad panteísta del yo poético con el resto de los norteamericanos, expresada mediante los recursos poéticos de enumeración y evocación.

Podemos afirmar que en *Hojas de hierba* Borges ejecutó cambios, aunque sutiles, necesarios para poder ofrecer al lector hispano una poesía autónoma en español que no necesitara leerse como un texto dependiente del original en inglés; asimismo reconocemos la literalidad básica de esta traducción. Ahora, la fidelidad no siempre delata falta de creatividad. Si bien ya hemos dicho que para ser fiel al espíritu de un texto hay que incurrir en infidelidades, Borges nos respondería con el reverso: que para lograr originalidad e innovación, no es siempre necesario acudir a la divergencia o cambio:

> Burton translates "Book of the Thousand Nights and a Night" instead of "Book of the Thousand and One Nights". Now this translation is a literal one, it is true word by word to the Arabic. But yet it is false in the sense that the words "Book of the Thousand Nights and a Night" have common form in

---

[135] Aquí utilizo el término según George Steiner, en *After Babel*, p. 277, donde comenta que debido a la necesidad del traductor de actualizar el sentido implícito de la obra original, los mecanismos de la traducción resultan inevitablemente explicativos: "Thus the mechanics of translation are primarily explicative, they explicate (or, strictly speaking, 'explicitate') and make graphic as much as they can of the semantic inherence of the original. The translator seeks to exhibit 'what is already there' ". Por lo tanto, toda traducción resulta algo aumentada en comparación con el original.

Arabic. While in English we have a slight shock of surprise, and
this of course has not been intended by the original.[136]

La singularidad de ciertas estructuras en lenguas extranjeras puede ser
de gran valor cuando aparece dentro de la tradición y estructuras
lingüísticas de otra. Lo lingüísticamente literal, como en el caso de
Burton, puede desembocar en una metáfora sorprendente o en una
estructura poética innovadora. Además, este tipo de traducción
transmite a la vez el sabor de la lengua original, su textura. Borges
explicó, por ejemplo, el valor estético y estilístico de la frase "Song of
Songs", "Cantar de los Cantares", en los idiomas occidentales que
poseen el superlativo. Esta estructura se origina en el hebreo, el cual
no posee en su gramática un recurso semejante. Sin embargo, el
traslado literal ha mantenido la singularidad de la expresión estética en
su valor de diferenciación o contraste con lo esperado, es decir, con la
norma del superlativo en las lenguas que lo contienen. Un ejemplo de
este tipo de fidelidad positiva en *Hojas de hierba* es el siguiente: "I
harbor for good or bad" (v. 12) / "Soy puerto para el bien o para el
mal" (p.39). En vez de traducir el verbo "to harbor" en su acepción
corriente de "aferrarse a" (en inglés, *to hold in the mind, to cling to*), lo
traduce literalmente, aunque sustantivado en "Soy puerto",
transformando un simple verbo en metáfora poética.

Borges ha encontrado en el legado de fidelidad y autoridad de las
traducciones bíblicas un valor escondido que muy pocos lectores
habíamos querido o podido reconocer, acaso por la repetición y
agotamiento que ha sufrido el discurso bíblico en las culturas
occidentales contemporáneas. Nos dejó dicho que la Biblia, para él,
había sido depositoria de bellas traducciones literales: "Literal
translation has created a beauty all of its own". (Borges, 1962)

Borges y Whitman: un abrazo panteísta

Ahora bien, no sería justo considerar *Hojas de hierba* únicamente
bajo la perspectiva del traductor como intérprete y editor. George
Steiner ha dicho que cada traductor se identifica hasta cierto punto con
el poeta a quien traduce, y deben existir ciertas afinidades entre ambos
para que el proceso de traducción sea lo más honesto y auténtico

---

[136] Borges, "Charles Eliot Norton Lectures". Se ilustra esta idea con el mismo
ejemplo en *Borges on Writing*, editado por Norman Thomas Di Giovanni, Daniel Halpern
y Frank MacShane (New York: Dutton, 1973), p.104.

posible. Cuando un poeta traduce a otro se establece, en palabras de Schopenhauer, "a transference of souls". Traducir implica una fusión de dos intuiciones, de dos espíritus, que da lugar a una nueva obra y a un tercer lenguaje, conjunción de ambos. En "El enigma de Edward Fitzgerald", Borges propone que la reencarnación del poeta persa, Umar ben Ibrahim, en el poeta inglés Edward Fitzgerald, posiblemente explica el espíritu auténtico persa que se percibe en su *Rubaiyat*. De la combinación de ambos espíritus, según el escritor argentino, "surge un extraordinario poeta, que no se parece a los dos". (OI, 104) Este misterio de colaboración literaria por dos figuras distintas más allá del tiempo y del espacio es comparable al caso de Borges y Whitman. Aunque a primera vista éstos parezcan ser diametralmente opuestos −cuando buscamos una figura equivalente a Whitman en Latinoamérica, pensamos en Neruda− , ambos comparten ciertas afinidades y una motivación poética muy singular que Borges descubre en sus lecturas del patriarca estadounidense.

En una conferencia en la Universidad de Texas en Austin en 1961, Borges expresó su deuda con Whitman como poeta contemporáneo:

> I read it and I felt quite overwhelmed, overwhelmed like the rest of mankind. Now, when a young man reads a great poet (many poets seem to him great and do not loom quite so large afterwards), he falls into thinking that the poet has at last, at long last, discovered how poetry should be written. So when I read Walt Whitman I got the feeling that all poets who had written before him, Homer, and Shakespeare, and Hugo, and Quevedo, and so on, had been trying to do and failing to do, what Whitman *HAD* done. I thought of Whitman as having at last discovered how poetry should be written and so, of course, I could not but imitate him. (Jaén, 1967, pp. 51-52)

Aunque su comentario minimiza con gran ironía el valor de figuras como Homero, Shakespeare, Hugo y Quevedo en nuestra historia literaria, y a quienes sin embargo Borges leyó asiduamente, éste revela lo que encontró en Whitman: "how poetry should be written", una respuesta al problema del lenguaje en la poesía. Desde 1916 hasta su muerte, Borges mantuvo esa misma admiración por el poeta norteamericano. La influencia whitmanesca en la obra de Borges se nota, según Didier T. Jaén, en varios de sus poemas y en los ensayos sobre Whitman. En cuanto al estilo poético de Borges, Jaén indica el uso de la enumeración en "Two English Poems", al igual que el ritmo de los versos largos y el empleo del pronombre "yo", sin descontar la presencia del inglés como lengua poética. (Jaén, p. 52)

Lo que no se ha discutido en detalle, sin embargo, es la afinidad que encontró Borges en Whitman en cuanto a la discrepancia entre sus *personae*, sus máscaras poéticas, y el autor como ser humano.[137] En su prólogo a *Hojas de hierba*, el argentino menciona que existe una "desconcertante discordia" entre el Whitman de su poesía y el Whitman de su vida. (HH, p. 27) En "Nota sobre Whitman", ya había declarado que "casi todo lo escrito sobre Whitman está falseado por dos interminables errores. Uno es la sumaria identificación de Whitman, hombre de letras, con Whitman, héroe semi-divino de *Leaves of Grass* como Don Quijote lo es del *Quijote*." (D, 122-23). Añadió que los lectores de las biografías del poeta norteamericano terminan decepcionados cuando se dan cuenta que "el mero vagabundo feliz que proponen los versos de *Leaves of Grass* hubiera sido incapaz de escribirlos". (D, p.123) La creación de un "yo" poético da lugar a una fusión inconsciente, por parte del lector, de las dos entidades —la una real, la otra ficticia— que crea un escritor.

Borges se detuvo en este fenómeno probablemente porque él mismo lo ejemplificó a través de su vida y obra. Se leyó a sí mismo en Whitman y en su poesía. La entidad literaria del argentino como narrador de cuentos fantásticos, metafísicos y policiales, y aun de varios poemas de amor, se nos derrumba hasta cierto punto al leer sus propias palabras: "pocas cosas me han ocurrido y muchas he leído". (H, 109) Revelador es el título de uno de sus poemas de amor más conocidos,

---

[137] Jaén, p. 51, ya había mencionado esta afinidad que Borges encuentra en Whitman: "El tema del 'otro' Whitman nos recuerda, no sé si inevitablemente, al 'otro' Borges de 'Borges y yo', al que 'le ocurren las cosas' (*El hacedor*, p. 50). Sin duda, en la época en que escribía 'El otro Whitman', ya vislumbraba Borges al 'otro' Borges, al del mito bibliográfico, que, a veces, no parece tener nada que ver con el Borges cotidiano, que conversa con su madre o el que, ante las películas de 'cowboys' en Texas, añoraba los cines de Buenos Aires." Guillermo Sucre, en *Borges, el poeta* (México: Universidad Nacional Autónoma de México, 1967), pp. 20-21, también ha señalado este aspecto de la influencia de Whitman en la poesía del escritor argentino: "Borges admira la poesía de Walt Whitman precisamente porque su grandeza y su vigor no están en el Whitman real — 'casto, reservado y más bien taciturno'— sino en el yo imaginado y creado por su obra." Pero es Joseph Benevento quien dedica un artículo a este tema. En "What Borges learned from Whitman: The Open Road and its Forking Paths", *Walt Whitman Quarterly Review*, 2:4 (Spring 1985): 21-30, examina las discrepancias entre *persona* y autor en la obra de ambos. Difiero con Benevento, sin embargo, en cuanto a su esfuerzo por establecer la influencia de la poesía de Whitman sobre la ficción de Borges, cuyos narradores y estrategias narrativas obedecen más a la tradición metaliteraria de un Cervantes y un Unamuno, entre otros, que a la poesía whitmanesca exclusivamente.

"Amorosa anticipación". Las *personae* de Borges proyectan sus sueños, lo que él hubiera querido ser, como reflejan dos textos claves, "Poema conjetural" y "El sur". Sus comentarios sobre Whitman se podrían aplicar a sí mismo:

> Elaboró una extraña criatura que no hemos acabado de entender y le dio el nombre de Walt Whitman. Esa criatura es de naturaleza biforme: es el modesto periodista Walter Whitman, oriundo de Long Island, que algún amigo apresurado saludaría en las aceras de Manhattan, y es, asimismo, el otro que el primero quería ser y no fue, un hombre de aventura y de amor, indolente, animoso, despreocupado, recorredor de América. (HH, 29)

No hay más que sustituir el apellido de Whitman por Borges, la profesión de periodista por bibliotecario y el lugar de origen, Long Island, por Buenos Aires, para obtener una descripción personal de Borges. Este fenómeno de desdoblamiento literario se poetiza en "Borges y yo", texto en que el autor juega con la escisión entre su vida privada y su vida pública, entre el Borges ficticio que sus lectores y él mismo construyeron a través de su escritura, y Jorge Luis, el hombre de carne y hueso que pasó sus tardes, semanas, meses y años leyendo más que viviendo.

En su poema sobre Whitman, "Camden, 1892", Borges utiliza la imagen del espejo para formular poéticamente esta división que, más allá de ser una escisión de la personalidad, es el deseo de "ser otro" mediante la poesía:

Ociosamente

Mira su cara en el cansado espejo.
Piensa, ya sin asombro, que esa cara
Es él. La distraída mano toca
La turbia barba y la saqueada boca.
No está lejos el fin. Su voz declara:
Casi no soy, pero mis versos ritman
La vida y su esplendor. Yo fui Walt Whitman.[138]

---

[138] Borges, "Camden, 1892", en *Obra poética, 1923- 1977*, 3era ed. (Buenos Aires: Emecé Editores, 1981), p. 239. De aquí en adelante, las referencias a esta edición serán indicadas por la inicial OP.

A través de la escritura, Borges proyecta sus preocupaciones existenciales en la figura de Whitman: la espera de la muerte y la fragmentación entre el hombre que se mira y la figura a la que mira. Su confesión, "casi no soy", expresa la cercanía de la muerte, como la "pobre existencia" del poeta, que se contrapone a la presencia salvadora de la poesía. La palabra poética extenderá su vivir más allá de la muerte: "Casi no soy, *pero* mis versos ritman/La vida y su esplendor". De la poesía brota la vitalidad que el "cansado" espejo ya no refleja. El "cansado espejo" indica que ni de su propia cara, ni de sus barbas ni manos, emana la vida que su poesía todavía posee. En una suerte de hipálage existencial, el hombre, cerca de su fin, proyecta la vitalidad deseada en su poesía. Este es uno de los ejes diferenciales entre el hombre y el yo poético: aquél murió físicamente; este último seguirá vivo mientras siga siendo leído.

La presencia y función del lector es de suma importancia tanto en la obra de Whitman como en la de Borges. En "Nota sobre Walt Whitman", Borges describe el diálogo entre Whitman y su lector que, a su vez, se funden en el poeta mismo:

> Whitman deriva de su manejo una relación personal con cada futuro lector. Se confunde con él y dialoga con el otro, con Whitman ("Salut au monde", 33):
>
> – ¿Qué oyes, Walt Whitman?
>
> Así se desdobló en el Whitman eterno, en ese amigo que es un viejo poeta americano de mil ochocientos y tantos y también su leyenda y también cada uno de nosotros y también la felicidad. (D, p. 128)

A través del lector, quien se vuelve también personaje de la obra poética, el autor, proyectado en el yo poético, puede asumir ser el otro y alcanzar –de manera vicaria– el ideal panteísta. Al dirigirse al lector anónimo, Whitman establece un diálogo a través del tiempo y del espacio. En *Leaves of Grass*, particularmente al final, el poeta estadounidense "abraza" a su lector, haciéndolo partícipe de la experiencia poética al aludir a la responsabilidad de éste de mantener vivo el recuerdo de su lectura:

> My songs cease, I abandon them,
> from behind the screen where I hid I advance personally
> solely to you.

It is I you hold and who holds you,
I spring from the pages into your arms – decease calls
me
forth.

O en el apóstrofe de los siguientes versos:

Dear friend, whoever you are take this kiss,
I give it especially to you, do not forget me.

Remember my words, I may again return,
I love you, I depart from materials,
I am as one disembodied, triumphant, dead. (pp.
513-514)

En la obra cuentística de Borges, la predominancia de la primera
persona narrativa, los innumerables personajes y narradores que son, a
su vez, lectores de textos o del mundo, y las narraciones enmarcadas
– el cuento dentro del cuento– configuran un microcosmos, para ser
leído, en que el lector asume un papel esencial como descifrador. En su
obra poética, el diálogo entre el sujeto lírico y el lector es muy común,
como ilustra el epígrafe a *Fervor de Buenos Aires*:

Nuestros hados poco difieren; es trivial y fortuita la
circunstancia de que seas tú el lector de estos ejercicios, y yo
su redactor. (OP, p. 27)

O en el poema "Un lector" – nótese el artículo indefinido que
despersonaliza tal función– en el cual el hablante poético, dentro de su
usual ironía, hace sobresalir la función del lector sobre la del escritor:
"Que otros se jacten de las páginas que han escrito;/A mí me
enorgullecen las que he leído" (OP, 359). A diferencia de la actitud
personal y emotiva de Whitman, que en realidad se manifiesta más
claramente en el yo poético de Neruda en *Alturas de Macchu Picchu*, los
dos comentarios de Borges reafirman su singular humildad en
conjunción con esa actitud irónica que impregna su obra, el
escepticismo esencial en que se regodeó y que lo condujo a poner en
duda hasta su propia autoría. Consideró un factor del azar el que él
hubiera sido el escritor, el "redactor" de los poemas, y no el lector,
aunque sabemos que Borges, en vida, fue un ávido lector de vastos
textos (para emplear su léxico característico). A pesar de las diferencias

de tono con que se dirigen al lector, el cuestionamiento borgesiano y el
apóstrofe de Whitman surgen de la filosofía panteísta, ideas que
compartieron con Emerson.

Esta "trinidad" de autores –Emerson, Borges y Whitman– no es
producto del azar. El interés de Borges por Whitman se enlaza
directamente con las afinidades entre Emerson y este último, en cuanto
al deseo auténtico de sentirse ser uno y todos los seres humanos a
través del acto literario.[139] En su poema "Emerson", Borges apunta a
esta filosofía:

> Camina por los campos como ahora
> Por la memoria de quien esto escribe.
> Piensa: Leí los libros esenciales
> Y otros compuse que el oscuro olvido
> No ha de borrar. Un dios me ha concedido
> Lo que es dado saber a los mortales.
> Por todo el continente anda mi nombre;
> No he vivido. Quisiera ser otro hombre.
> (OP, p.237)

Aquí Borges se proyecta en la figura de otro ávido lector, Emerson,
como lo hizo en la de Whitman, para él mismo explorar sus propias
preocupaciones metafísicas. De nuevo expresa la discrepancia entre la
vida pública ("Por todo el continente anda mi nombre") y la vida
privada ("No he vivido").[140] El querer ser otro, aunque en el poema se
configura como condición y deseo, se logra en el acto mismo de
la creación poética. Borges se convierte en Emerson y Emerson en
Borges. Como lector de Emerson, el argentino se identifica con los
pensamientos y deseos del pensador norteamericano. Luego utiliza esas
mismas ideas para escribir y crear su propio poema. El Borges lector
ahora se torna autor, proyectando su propia lectura de Emerson en el
acto creador. El presente indicativo "Piensa" es polisémico: se refiere
a Emerson, el sujeto del poema en el cual se proyecta el hablante

---

[139] En el ensayo citado arriba "Nota sobre Walt Whitman", p. 127, Borges observa
que Whitman leyó sus ideas fundamentales "en las páginas de Emerson, de Hegel y de
Volney".

[140] Según Carlos Cortínez, en "Otra lectura de 'Emerson' de Borges", *Revista
Chilena de Literatura* 19 (Abril 1982): 95-106, para esta época Borges, "perturbado por
la fama amenazante", deseaba darse al "goce de la intimidad".

poético, encarnación lírica a su vez de Borges, el autor, como de los lectores que leen y leerán dicho texto.

La fusión de una persona con todas es un tema presente por igual en la poesía de Whitman. Pero en élla, el deseo de "identificarse, en una suerte de ternura feroz, con todos los hombres" (D, p. 125) surge en un nivel sentimental y sensible. Además, como en el caso de Neruda, ese panteísmo se vive en su poesía ya que el poeta, al hablar por todos, llega a ser todos los hombres. Aunque la narrativa de Borges expone esta preocupación dentro de un contexto metafísico y filosófico, más que personal, en la poesía intimista del escritor argentino encontramos este motivo acentuado por una emoción callada, aunque no por eso menos intensa. Sus referencias a otros autores como Emerson y Whitman, a través de los cuales "lee" su propio yo, son una manera de llegar a ser el otro. Whitman, en su poesía, se describe a sí mismo como minero y como persona de otros oficios que nunca tuvo, describe sus viajes al Oeste de los Estados Unidos, donde nunca estuvo, nace no sólo en Long Island sino también en el Sur. Estos detalles imaginarios facilitan la identificación del lector con el yo poético de *Leaves of Grass*. Esta es una obra colectiva, su yo poético es un ser plural, un personaje que es todos los personajes y todos los lectores a la vez. El abrazo panteísta que logra la poesía de Whitman, y que Borges busca en la suya, es el factor primario que une a estas dos figuras tan disímiles: a un bibliotecario argentino con un periodista anónimo de Long Island. Mientras que un Whitman, como un Neruda, diría "Quisiera ser, y soy, todos los hombres, hablo por ellos, los amo, me aman...", Borges nos dice "Quisiera ser otro hombre". Su panteísmo siempre fue ideal, un objeto poético, una brecha existencial que, sin embargo, se ha realizado, no sólo a través de la poesía misma, sino mediante los procesos de la lectura y de la traducción.

Borges, traductor de sí mismo

Como traductor de su propia obra en conjunto con Norman Thomas di Giovanni, Borges fue un autor que, a través de los años, continuó siendo uno de sus principales lectores. Lector que, debido a su humildad escéptica y a su actitud rigurosa y disciplinada en cuanto al empleo de la lengua, ejerció sucesivos cambios textuales en su obra.[141]

---

[141] Para un catálogo y estudio de las variantes y revisiones en la prosa de Borges, véase Jaime Alazraki, "Las variantes", en *La prosa narrativa*, pp. 170-186, y el Apéndice V, "Registro de variantes", pp. 383-406.

Su actitud autocrítica se resume en el epígrafe a *Discusión*, tomado de
Alfonso Reyes, quien asimismo ejemplificó al autor que constantemente
revisa y rehace: "Esto es lo malo de no hacer imprimir las obras: que
se le va la vida en rehacerlas." Borges ha reescrito constantemente su
obra narrativa y su poesía. Las varias ediciones de sus poemas, más que
las de sus cuentos, demuestran esa constante vigilancia y observación de
sí mismo. Su sentimiento de vergüenza ante sus poemas tempranos y
juveniles, como su decisión de no publicarlos, reflejan esa exigencia
para con su propia escritura.

Borges tradujo su obra al inglés en colaboración con su traductor
oficial, Norman Thomas di Giovanni. Gracias a esta colaboración
Borges tuvo la oportunidad de leer y observar sus textos con más
objetividad, con mayor atención al lenguaje y a los detalles y, en
consecuencia, llegó a ejecutar cambios de estilo y de contenido. La
función de Di Giovanni no fue de menor importancia en este proyecto,
pues sus observaciones y preguntas estimularon a Borges a poner en
duda cualquier ambigüedad o referencia que necesitara aclararse.
Tenemos, pues, a dos lectores leyendo la obra borgesiana: al autor
mismo revisándola y ayudando a traducirla al inglés, y a un lector de
habla inglesa, quien interpreta la obra en español y la transmite al
inglés en una versión similar, pero indudablemente nueva. Las
consecuencias de tal diálogo son fascinantes. A través de Di Giovanni
conocemos las actitudes de Borges hacia la lengua inglesa y hacia su
propia obra. Di Giovanni trabajó junto con Borges, interpretándola para
luego darle forma en inglés. Este proceso doble de lectura y traducción,
desde una perspectiva tanto humana como literaria, llevó al autor a
rehacerse constantemente. En su función de traductor, Borges se
convierte en su lector ideal.

Un detalle imprescindible que facilita dicha interacción es el
fenómeno de la invisibilidad de egos en el que las dos personas, autor
y traductor, se sienten en libertad de criticarse mutuamente con el
objetivo final de desempeñar la tarea propuesta. Claro está, para poder
gozar de este tipo de confianza, es necesario sentir cierta amistad y
respeto mutuo. A pesar de cualquier diferencia personal que hayan
tenido, Di Giovanni y Borges fueron amigos, relación que no sólo
facilitó el intercambio en el trabajo, sino que también ayudó a Di
Giovanni a penetrar con más confianza en la obra del argentino, a
adentrarse en la mente del autor en el momento de la génesis del texto:

> I suppose I cannot stress this personal association enough, for
> no matter what we do together – whether we are walking,
> talking, traveling, dining with friends, or exchanging gossip and

worries – all of it is valuable and puts me in touch with Borges'
world and his thoughts. (Di Giovanni, 1970, p. 293)

Tal amistad se refleja por igual en las palabras de Borges: "We don't
think of ourselves as two men when we are working. We are two minds
attempting the same goal."[142] Esta unidad entre dos espíritus, dos
mentes que ponen de lado las diferencias personales y culturales, es un
microcosmos vivo de la unidad panteísta que Borges tanto desarrolló en
sus cuentos y en su poesía. El panteísmo es una filosofía, una
metaforización del universo, pero puede también ser, en ciertas
instancias, una vivencia humana. El trabajo en consuno de un traductor
con un escritor ilustra la fusión de pensamiento e intuiciones poéticas
que posibilitan la creación de una segunda obra. El traductor, Di
Giovanni, se adentra en el pensamiento de Borges, conociendo tanto al
hombre como al poeta, para poder entender e interpretar su obra con
la mayor autenticidad posible. Borges, por su lado, también se siente
una entidad en dos personas: su obra ahora está siendo reescrita por
un segundo autor, el traductor, quien la transformará bajo los
dictámenes de su propia intuición poética y su conocimiento de la
lengua inglesa.

En Di Giovanni ha documentado en un par de artículos el proceso de
colaboración gracias al cual se realizaron las traducciones al inglés de
algunos textos de Borges. El proceso es interesante de por sí; además,
en su descripción, Di Giovanni indica algunos de los cambios que
Borges ejecutó en sus varios textos como resultado de su relectura y
autocrítica. Sería imposible intentar establecer cuál de los dos fue
responsable de cada una de las múltiples variantes en estas
traducciones; ello sería destruir el producto colectivo de tal empresa. Lo
que nos interesa, sin embargo, es subrayar algunos de los resultados de
estas relecturas.

En "At Work with Borges" publicado en *The Antioch Review*, Di
Giovanni indica tres etapas generales del proceso de traducción
colaboradora: 1) Di Giovanni hacía un borrador en inglés del texto, y
luego junto con Borges, lo repasaban oración por oración. En esta etapa
el traductor discutía todos los detalles de la obra necesarios para
asegurarse de que hubiera entendido el texto en sí al igual que las
intenciones poéticas del autor. En esta primera etapa autor y traductor
se sugerían varias alternativas. 2) Di Giovanni pasaba a maquinilla el

---

[142] Borges, *Borges on Writing*, p. 107. Véase también los comentarios de Di Giovanni
sobre el factor de la invisibilidad de egos, en "On Translating with Borges", *Encounter*,
32:4 (April, 1969): 22-24.

borrador, dándole forma y puliendo las oraciones y párrafos en inglés; consultaba el primer texto sólo para confirmar el ritmo de una oración o su énfasis. Se preocupaba principalmente "with tone, tensions and style". 3) Borges leía la versión en inglés sin consultar la obra en español. Revisaba con miras a que la traducción se leyera como si hubiera sido escrita originalmente en inglés. (p. 291)

Di Giovanni menciona un detalle de gran importancia para nuestro estudio. Borges, ocasionalmente, enmendaba la obra original después de sus relecturas y traducciones. Es decir, como lector, su continuidad creadora permaneció vigente y activa, y participó no sólo en las revisiones de su obra en inglés, sino que, en consecuencia, rehizo su obra en español, manteniéndola en constante cambio. En el papel de cotraductor, Borges encarnó el fenómeno singular del poeta que es intérprete y crítico de su propia obra, fenómeno descrito por Steiner de la siguiente manera:

A peculiarly illuminating intentional strangeness can result when a writer, particularly a lyric writer, translates his own work into a foreign language or is instrumental in such translation. The hermeneutic model is, in this event, one of essential donation but also of Narcissistic trial or authentication [...] [He] seeks [...] an enhancement of clarification of these lineaments through reproduction.[143]

Un ejemplo específico de tales enmiendas es la traducción de *El informe de Brodie*. Borges encontró nuevas posibilidades expresivas durante su relectura y discusión con Di Giovanni y, estos cambios, algunos pequeños, se implementaron en la tercera y cuarta edición de esta obra. El final de "The Gospel According to Mark" también fue añadido como resultado del proceso de traducción y relectura. (Di Giovanni, 1973, pp. 105-106) El último verso, en inglés, del poema "El centinela" que aparece en *El oro de los tigres* (1972), es distinto del texto en español ya que Borges juzgó que en el contexto cultural inglés el verso trasladado así funcionaría mejor: "I find myself there", en vez de "You'll be there awaiting me". Tal idea surgió mientras él y Di Giovanni traducían el poema al inglés:

---

[143] George Steiner, *After Babel*, p. 319. Recordemos que Di Giovanni como traductor asume además el papel de revisor: "when we translate from manuscript, as most of *Brodie* was done, I sometimes point out lapses or suggest a touch or two, which we immediately incorporate into the Spanish." *Borges on Writing*, p. 106.

Borges: At first, I wrote, "You'll be there awaiting me." Then I thought that it would be far more effective to say, "I find myself there..." It enforces the idea, as the Scots had it, of the fetch of a man seeing himself. I think that in Jewish superstition the idea was that if a man met himself—his *Doppelgänger*, as the Germans call it—he would see God. In the similar Scottish superstition, the idea is that if you meet yourself you meet your real self, and this other self is coming to fetch you. That is why the Scottish for "Doppelganger" is "fetch". (Di Giovanni, 1973, p. 98)

El concepto de la traducción como metáfora de la esencia transformadora de la literatura se encarna, como hemos visto, en los temas filosóficos y literarios que preocuparon a Borges. Más aún, la constancia del cambio, la condición de apertura de la obra literaria a variaciones y permutaciones, se ilustra en el fenómeno del autor como su propio lector y traductor. En este caso, el acto de la traducción en sí es una imagen del acto de la lectura que es, a su vez, una imagen del acto de la escritura.

Borges, escritor bilingüe y políglota

El vasto conocimiento y perfecto dominio de Borges del inglés hizo posible que el autor contribuyera activamente a la traducción de su obra, en vez de limitarse a explicar o aclarar sus textos y referentes. Podemos tener a Borges por escritor bilingüe, aunque en realidad no haya escrito más que un puñado de poemas y textos originalmente en inglés. Su obsesión y amor por la lengua inglesa, herencia de su abuela materna, Fanny Haslam, y resultado de sus lecturas desde la infancia, transformó al autor argentino en un ávido lector (y profesor) de literatura inglesa y norteamericana, la cual influyó enormemente en la concepción de sus tramas y personajes.[144] La importancia del inglés para Borges se resume en sus palabras tan famosas, "...pocas cosas me han ocurrido más dignas de memoria que el pensamiento de Schopenhauer o la música verbal de Inglaterra." (H, p. 109) En el poema titulado "Al idioma alemán", Borges menciona que el inglés le fue dado "por la sangre", a diferencia del alemán, que fue una lengua elegida por él

---

[144] Véase el libro ya citado de Ronald Christ, *The Narrow Act*, para un análisis comparado sobre la influencia de la literatura inglesa y norteamericana en la obra de Borges.

mismo, y del español, lengua que fue su "destino" (OP, p. 392). Las tres distinciones revelan algo importante sobre la motivación del interés borgesiano por el inglés. Sus preferencias oscilan entre una lengua destinada a él por su patria y sus padres, como el español; otra por sus antepasados, como el inglés; y otra, escogida por él, por gusto y voluntad, como el alemán. Hay que recalcar que la combinación de factores probablemente sirvió como motor para Borges.

En la literatura contemporánea, Borges pertenece, junto con Nabokov y Beckett, a un grupo reducido – pero cada vez más en aumento– de autores políglotas. Sería apropiado observar que los tres autores compartieron un ávido interés por la traducción y llevaron a cabo traducciones literarias de singulares consecuencias. Beckett, al igual que Borges, tradujo sus propias obras del francés al inglés; Nabokov ha intentado traducir al inglés –y devolverle a esa lengua– la versión rusa de Konstantin Bal'mont del poema "The Bells" de Edgar Allan Poe, empresa de índole parecida a las que propone Borges para un Pierre Menard. La tendencia al internacionalismo, resultado parcial de la época de la vanguardia en Europa, se ejemplifica en estas tres figuras. A diferencia de los otros dos, Borges es un autor internacional sin haber dejado de ser muy argentino. Según Steiner, Nabokov y Beckett experimentaron el exilio, y las consecuencias multilingüísticas de ello se reflejan en sus obras.[145] En cuanto a Borges, éste viajó a Suiza, España y Europa en su juventud, pero su interés por las lenguas extranjeras indudablemente se inició y tomó vuelo a través de sus lecturas personales.

La influencia del inglés en la obra de Borges se observa más profundamente, en adición a sus temas, en la sintaxis de su español, aspecto que radicalizó el empleo literario de nuestra lengua en América Latina. La economía de su estilo y la predilección de la frase corta en vez de la larga, son sólo dos aspectos anglificados que matizan su español. El mismo Di Giovanni ha comentado esto, añadiendo que la presencia subyacente del inglés muchas veces le facilitó la tarea de traducir, aunque no del todo:

I don't know much about sentence structure in Spanish, but I know that a construction that may be the same in both languages does not necessarily produce the same effect in each: the gerund, for example. In English, it adds immediacy and

---

[145] Véase de George Steiner, en *Extraterritorial* (New York: Athenaeum, 1971), el primer capítulo del mismo nombre, pp. 3-11, para un análisis esclarecedor e informativo sobre el fenómeno del escritor políglota.

speeds a sentence up; in Spanish, it is cumbersome and impending. To follow Borges' sentence structure in translation can be treacherous. He has changed the Spanish language; his sentence structure is largely modeled on English, and you may be able to reel off four consecutive sentences in English just following his Spanish. But the fifth has a Spanish structure; follow it and the English is killed.

And he has introduced verb forms seldom used before in the language – the present perfect tense. He has revitalized the language. (Di Giovanni, 1973, pp. 135, 137)

Gracias a la presencia renovadora del inglés que da realce al español sin tener que invadirlo o romper con sus estructuras gramaticales, podríamos decir que Borges es un escritor idóneamente bilingüe. Escribe en español, pero un español en cuya infraestructura encontramos un inglés latente. Es como si el lenguaje borgesiano fuera constituido por dos capas: la primera, el español en su forma concreta, visible y tangible; la segunda, la invisible, que consiste en el pensamiento, estructura, sintaxis y elementos léxicos del inglés. Este fenómeno es comparable al inglés narrativo de Hemingway, en el cual el español existe de manera subyacente y no tan palpable.[146]

Borges escribió algunos de sus textos en inglés y luego los tradujo al español. Por ejemplo, el poema en prosa "His End and His Beginning" representa un caso de hibridización en cuanto al género y en cuanto a su génesis lingüística. Borges compuso este poema en inglés durante su estadía en la Universidad de Harvard en 1967. Lo escribió junto con su secretario de entonces, John Murchison. Dos años después, mientras preparaba la primera edición del *Elogio de la sombra*, lo tradujo muy libremente al español. Más tarde, al publicar varios poemas en inglés en *Antioch Review* junto con Di Giovanni, ambos revisaron la versión original en inglés y la combinaron con ciertos elementos de la

---

[146] Le debo esta referencia a Gary Keller, en "The Literary Stratagems Available to the Bilingual Chicano Writer", *The Identification and Analysis of Chicano Literature*, ed. Francisco Jiménez, (New York: Bilingual Press, 1979), pp. 263-316, donde analiza la textura subyacente hispana de la prosa de Hemingway. Es imperativo aclarar aquí que el bilingüismo de un Hemingway o de un Borges presenta diferencias estéticas e ideológicas en relación con la literatura bilingüe o interlingüe que se ha desarrollado en los Estados Unidos en los últimos 25 años entre los escritores méxico-americanos y neorriqueños.

versión en español.[147] Ya para sus últimos libros poéticos abundan
notoriamente los títulos en inglés que encabezan textos en español, al
igual que los temas, referencias y preocupaciones centradas alrededor
de la cultura anglosajona en general.

Dichos ejemplos demuestran el íntimo enlace entre el pensamiento
de Borges y su expresión en la lengua inglesa, resultado de sus vastas
lecturas en inglés. Pero Borges declaró que él no creía en el total
bilingüismo de ningún escritor, pues para él era imposible producir la
misma calidad literaria en dos idiomas (Di Giovanni, 1973, p. 91). Bajo
tales criterios cuantitativos y cualitativos, Borges no es el perfecto
bilingüe. Sin embargo, el acto de la escritura en su obra representa un
caso interesante y muy singular de literatura en español pero
profundamente imbuída de lo inglés, tanto en referencias contextuales,
como en el lenguaje mismo. Es posible que tal hibridez, además de sus
temas anglosajones, haya garantizado la recepción tan positiva de que
Borges gozó como supuesto autor nativo tanto en Estados Unidos como
en Inglaterra. Durante sus últimos años, hubo una anécdota que
relataba cómo muchos lectores norteamericanos habían presumido que
Borges era un escritor nativo anglosajón. Este pequeño pedazo de
leyenda refleja la índole y recepción universal de su obra, de influencia
más abarcadora que la de ningún autor hispano en la historia, salvo
Cervantes. A través de la textura bilingüe y cosmopolita de su obra, de
sus logros como traductor de otros grandes poetas y novelistas
extranjeros, sin mencionar la singular tarea como traductor de sí mismo,
Borges elevó el panteísmo literario de mero tema textual a una
verdadera realidad encarnada en su diario vivir como escritor, traductor
y lector.

---

[147] Norman Thomas Di Giovanni, "At Work with Borges", p. 298. Otros autores
hispanoamericanos que ejemplifican la creación literaria bilingüe son Carlos Fuentes,
José Donoso y Manuel Puig. Este último, por ejemplo, escribió *Eternal Curse on the
Reader of These Pages* primero en inglés en 1979 y luego la tradujo al español. Al igual
que los experimentos de Di Giovanni y Borges, Puig y su editor, Erroll McDonald,
norteamericano nacido en Costa Rica, combinaron ambas versiones, la hispana y la
inglesa, para crear una tercera versión del texto.

CAPITULO IV

De la pintura a la palabra
Territorios y la traducción intersemiótica

Cortázar y la traducción interlingüística

Es harto conocido el hecho de que Julio Cortázar trabajó por muchos años como traductor para la UNESCO. Sus traducciones al español incluyen las siguientes: de Henri Bremond, *La poesía pura*; de G. K. Chesterton, *El hombre que sabía demasiado*; de André Gide, *El inmoralista*; de Alfred Stern, *Filosofía de la risa y del llanto*; y de Marguerite Yourcenar, *Memorias de Adriano*. Acaso su logro más sistemático haya sido *Obras en prosa* de Edgar Allan Poe, versión al español de los cuentos, ensayos y crítica del escritor norteamericano, que ejerció una innegable influencia en la obra del escritor argentino.[148]

En su prólogo a dicha obra, Cortázar explica el objetivo de sus traducciones y de la edición: presentar un Poe más completo, más total y auténtico que el que las imágenes "falsamente verdadera (la de nuestra subjetividad) y la verdaderamente falsa (la de la crítica sólo objetiva)" han impuesto a través de los años. Al incluir toda la obra en prosa del maestro del cuento norteamericano, Cortázar intenta reivindicar el valor de su obra entera y presentar la figura de un escritor que, además de haber sido poeta y narrador, ejerció la crítica literaria. En la traducción de *Marginalia*, Cortázar comenta que: "La traducción completa [de *Marginalia*] permite mostrar los méritos y desméritos de

---

[148] Poe, Edgar Allan. *Obras en prosa*. Traducción, introducción y notas de Julio Cortázar. Ediciones de la Universidad de Puerto Rico (Madrid: Revista de Occidente, 1956). Véanse los siguientes estudios en torno a las afinidades entre Poe y Cortázar: Hernández del Castillo, Ana. *Keats, Poe and the Shaping of Cortázar's mythopoesis* (Amsterdam: J. Benjamins, 1981); Ferré, Rosario, "Cortázar: Sombras del simbolismo y del surrealismo". *Revista de Estudios Hispánicos* 21:2 (mayo 1987): 101-110; Rosenblat, María, "La nostalgia de la unidad en el cuento fantástico: 'The Fall of the House of Usher' y 'Casa tomada' ", en Burgos, Fernando, ed. *Los ochenta mundos de Cortázar: Ensayos* (Madrid: EDI-6, 1987): 199-209.

Poe como ensayista y comentarista, y proporciona una clara visión de
su latitud cultural, sus intereses y sus ignorancias." Además, en
Marginalia, "Poe se revela en toda su agudeza y sensibilidad" como
crítico. (316) Frente a una imagen incompleta de Poe como creador
del cuento fantástico, la cual es resultado inevitable de la crítica y de la
recepción, Cortázar contrapone una obra en español que lo presenta en
toda su miseria y esplendor. Así, le otorga al lector hispano la libertad
de crear su propia conceptualización del escritor norteamericano.

   Obras en prosa asimismo resulta significativa si examinamos la
postura de Cortázar como traductor. Esta obra consta de los textos en
español, traslados interlingüísticos bastante fieles al original aunque
exhiben libertades y cambios asumidos para mantener un tono
equivalente en el segundo idioma. Se presentan, además, "Notas del
traductor" al final de cada sección, observaciones del propio Cortázar
que ofrecen un contexto para la lectura y que aclaran factores alrededor
de la génesis literaria. En dicho papel editorial y hermenéutico,
ilustrado, como ya se ha visto, en algunas de las traducciones de Borges,
Cortázar no se limita a explicar detalles circunstanciales. Encontramos
notas extensas en las que incurre en discusiones sobre las polémicas
críticas surgidas alrededor de los textos en cuestión. A través de los
textos marginales se atisba la función del traductor como lector y crítico
de los textos que traduce; a su vez, como lector ideal que influye en la
manera en que sus propios lectores se aproximen a la obra de Poe. Las
traducciones de Cortázar revelan al traductor como otro "creador" de
Poe, trayendo a la luz y examinando las diferentes controversias críticas
que han definido su lectura. En este caso, sin embargo, el traductor
como creador del autor se distingue del caso de Baudelaire y Poe, ya
que el poeta simbolista quiso poseer metafóricamente a Poe al
re-escribirlo en francés. El acercamiento de Cortázar es de orden
intelectual, ya no como poeta que absorbe al otro yo, sino como crítico
pronto a mostrar una obra polifacética, heterogénea y radicalmente
abarcadora, al revelar tanto las agudezas del escritor como sus
momentos más débiles. Los textos marginales de Cortázar, sus notas y
comentarios, indudablemente can cuenta de un ávido lector de la obra
de Poe, familiarizado con la crítica en torno a ella.

   Los objetivos pragmáticos de las traducciones de Cortázar para la
UNESCO no desvirtúan, en modo alguno, el valor literario de sus
logros. Cortázar traduce del inglés y del francés, las dos lenguas más
queridas por él además del español. En entrevista con Evelyn Picón
Garfield, declaró su amor por el inglés y por la poesía inglesa en

particular.[149] Del francés, su segunda lengua y nativa a la vez, ha comentado que yace bajo algunos de sus textos en español:

> ...la persona que no sabe francés no se da cuenta de que cuando Lonstein, hablando de sus muertos, porque los reivindica, les llama "mis apuales", eso viene del francés "apual". "Apual" quiere decir "desnudo" en lenguaje popular. [...] Encontré palabras no solamente con base en el francés sino con base en el inglés fonético y también un poco de lunfardo.
> (Picón Garfield, 58-59)

Además de facilitarle su tarea como traductor, el conocimiento del inglés y del francés le otorga a Cortázar una base políglota con la cual crear neologismos, metáforas e imágenes en español. Sin embargo, lo que nos interesa recalcar aquí es que a pesar de que Cortázar no llegó a desarrollar ideas sobre la traducción de una manera tan sistemática como un Borges o un Paz, su praxis en ese terreno a lo largo de los años posiblemente ha influido en la creación de su propia obra, ya sea mediante afinidades de temas literarios como en el caso de Poe, o debido a las posibilidades políglotas que ya mencionamos. Aquí yace un tema que pide ser explorado.

Desafortunadamente, los pocos comentarios que Cortázar emite sobre su trabajo como traductor revelan una visión bastante pragmática sobre dicha tarea. Ha observado que la traducción de la poesía "es siempre una pérdida en todos los planos", como lo es también en la prosa moderna, ya que ésta se basa por igual en mecanismos poéticos. (Picón Garfield, 59-60) Es consciente, a la vez, de la ley de ganancia y pérdida que en muchos casos explica los cambios y las libertades que debe ejercer un buen traductor:

> la traducción a otro idioma supone el tener que sacrificar una cosa para conservar otra. Por ejemplo, sacrificar los valores rítmicos y sonoros de una frase que le pueden dar toda su belleza para que por lo menos el lector en el otro idioma

---

[149] Picón Garfield, Evelyn. *Cortázar por Cortázar* (Veracruz: Centro de Investigaciones Lingüístico-Literarias, Universidad Veracruzana, México, 1978), p. 42: "Desde joven me incliné hacia la poesía en inglés y ahora sigo prefiriendo la poesía en inglés a cualquier otra poesía, incluso a la poesía en francés que la leo con mayor profundidad porque conozco mejor el francés que el inglés. Y sin embargo tengo la impresión de que el inglés para mí es el idioma de la poesía."

entienda el sentido de la frase. O lo contrario, sacrificar el sentido de la frase para guardar la música. Esa es la eterna opción que tienen los traductores. (Picón Garfield, 59-60)

Encuentra, además, que la paráfrasis sirve de estrategia efectiva frente al problema de la intraducibilidad lingüística.

Si Cortázar, por un lado, no llegó a desarrollar un discurso metaliterario en cuanto a la traducción interlingüística, por otro sí exploró con profundidad en sus ensayos el problema de la traducción entre las artes. Obedeciendo sus propios comentarios sobre la influencia de la música y de la pintura en su literatura, afinidades que han sido poco estudiadas por la crítica cortazariana, en este último capítulo enfocaremos las complejidades y problemas que dichas relaciones interartísticas proponen al escritor argentino. *Territorios* es, sin duda, la obra en la cual Cortázar explora dichos deslindes artísticos y con la cual contribuye a la diseminación teórica del concepto de la traducción en el siglo veinte.

Cortázar y la traducción intersemiótica

Las relaciones entre el arte pictórico y la literatura han sido un tema de gran interés para la historia literaria desde los clásicos y el Renacimiento hasta nuestros días.[150] Bajo el signo de dos movimientos claves para la literatura del siglo veinte, el simbolismo y el surrealismo, los escritores y artistas modernos han sentido la libertad de participar en la crítica y creación de otros medios artísticos ajenos al suyo. Baudelaire se distinguió en tales incursiones estéticas con sus ensayos sobre el arte, en específico sobre la pintura de Delacroix.[151] En su colección, el poeta francés asume el papel de crítico de arte, y a la vez utiliza el género del ensayo para formular sus propias ideas sobre las relaciones interartísticas. Para Baudelaire, el artista es, ante todo, una

---

[150] Para un excelente resumen del problema de la analogía entre pintura y literatura a través de la historia literaria, y la contribución de las teorías semióticas y estructuralistas a dicha problemática, véase el primer capítulo de la obra de Wendy Steiner, *The Colors of Rhetoric: Problems in the Relation between Modern Literature and Painting* (Chicago: The University of Chicago Press, 1982).

[151] Los ensayos sobre el arte de Baudelaire se encuentran recopilados en la edición titulada *Ecrits sur l'art* (París: Editions Gallimard y Librairie Générale Française, 1971), 2 vols. Véanse "Le Peintre de la vie moderne" sobre el arte de M. Constantin Guys, "Salon de 1846" y "Salon de 1859" sobre las relaciones teóricas entre la pintura y la literatura y sobre la obra de Delacroix en particular.

figura plural y universal; es decir, un poeta podría ser pintor o músico. Sus cualidades particulares, la voluntad y la imaginación, no están determinadas por el medio en que trabaja, sino que son parte de su sensibilidad humana.[152]

Aunque ya antes el "visualismo" poético, innovación y apertura de la vanguardia, había tenido como exponente significativo a Guillaume Apollinaire y sus *Calligrammes*, fueron los surrealistas quienes explotaron el medio pictórico, según se origina en los sueños, como base imaginativa para la creación literaria. El movimiento francés se originó como conjunción de lo visual y lo verbal; la mayoría de sus representantes —André Breton, Salvador Dalí, Luis Buñuel, Max Ernst, Yves Tanguy y René Magritte, entre otros— desarrollaron tanto el medio visual como el literario. La fusión de las categorías estéticas, uno de los motivos revolucionarios que dio vida al surrealismo, impulsó esta práctica sincrética a través de la frontera entre la pintura y la literatura. De hecho, una característica de los principales movimientos artísticos modernos —cubismo, dadaísmo, futurismo, surrealismo, expresionismo abstracto, constructivismo— es la vasta influencia que ejercieron poetas y figuras literarias en su gestación y desarrollo.[153]

En Hispanoamérica, desde la poesía modernista, heredera directa del simbolismo francés, se continúa esta revolución interdisciplinaria. Poetas como Darío, Agustini y Silva utilizan la pintura y escultura como temas y motivos poéticos de profundo significado en sus obras. Octavio Paz dedica su pensamiento crítico al arte de Marcel Duchamps en *El castillo de la pureza*, mientras que experimenta con el género de la poesía concreta en sus *Discos visuales* y *Topoemas*, obras que representan una síntesis conceptual del espacio y el tiempo. Julio Cortázar nutre su obra literaria con la presencia de las artes visuales en su colección de ensayos *Territorios* (1978).

Dichas obras revelan dos aspectos singulares de la literatura moderna. En primer lugar, demuestran que el escritor de nuestro siglo

---

[152] Véase Lee McKay Johnson y su excelente estudio sobre la pintura como metáfora de la literatura, *The Metaphor of Painting: Essays on Baudelaire, Ruskin, Proust, and Pater* (Ann Arbor, Michigan: UMI Research Press, 1980), p. 13.

[153] Wendy Steiner, en el tercer capítulo de *The Colors of Rhetoric*, "A Cubist Historiography", señala el contacto personal entre pintores y escritores "cubistas" como uno de los argumentos que justifica la analogía entre pintura y literatura en los movimientos de las vanguardias europeas y americanas. Steiner utiliza el término "cubista" para designar el periodo moderno de arte y literatura: "Whether we like it or not, cubist painting, literature, and thinking are essential to what we call 'the modern' " (p. 193). En cuanto a las relaciones de Cortázar con los pintores surrealistas del grupo COBRA, y con Alechinsky en particular, véase Malva E. Filer, "Palabra e imagen en la escritura de *Territorios*", *Revista Iberoamericana*, 49: 123-124 (abril-sept. 1983): 351-368.

comparte sus preocupaciones existenciales y literarias con los artistas de otros medios. En el siglo XX los diversos artistas están más en contacto entre sí que antes, debido a los avances en la tecnología, la comunicación y el transporte, pero también debido a un cambio de énfasis en la definición de los límites estéticos entre las artes. Un nuevo sincretismo caracteriza a las artes del siglo XX, actitud que Baudelaire, los cubistas y los surrealistas, como reacción a los límites impuestos por el espíritu neoclásico, ayudaron a establecer: la imaginación es el denominador común del artista, y su medio de trabajo es un accidente o factor del azar. Baudelaire, por ejemplo, se fijó en las similitudes, en las analogías entre las artes, menos que en sus distinciones estructurales y expresivas.

Por otro lado, el poner en duda el lenguaje literario, la palabra como tal, es un factor esencial que motiva al escritor moderno a buscar nuevos modos de expresión artística en otros sistemas estéticos. La pintura tuvo una fuerte influencia en el desarrollo del lenguaje poético simbolista. Según Lee McKay Johnson, la fascinación de los escritores con el arte pictórico resultó en dos cambios principales en la estética de fin de siglo. En primer lugar, influyó en la concepción de la palabra como un "medio concreto" que tiene su propia sustancia física e impacto sensorial, al igual que los colores en la pintura. Este rasgo de la palabra se relaciona con la autonomía de la obra de arte ya que, desde este punto de vista, el lenguaje cobra su propia existencia en vez de ser una extensión de la voz del autor, o referencia al mundo exterior. En segundo lugar, el texto literario se percibe como una totalidad o unidad análoga al efecto simultáneo espacial que la pintura propone. En este sentido, todas las palabras o unidades semánticas funcionan en relación con las demás y con el texto en su totalidad, y no por separado. Este último rasgo del lenguaje literario es problemático en su aplicación práctica, como veremos más adelante, pero, en su valor teórico, comienza a influir en las obras de los grandes escritores modernos.[154]

La fascinación del escritor simbolista (y por ende la del surrealista) por la pintura se debe a la capacidad de ésta de ofrecer una perspectiva total al contemplador, perspectiva que se caracteriza como un momento de pura sensación o conciencia sin el estorbo racional, secuencial y

---

[154] Wendy Steiner, en su obra ya citada, resume estos elementos en su discusión sobre la analogía entre pintura y literatura. El arte moderno, como la literatura, se centra en la dialéctica contradictoria del lenguaje como signo autónomo de la realidad de la cual nace, es decir, como objeto concreto, y a la vez como referente del mundo (p. xii). El género de la poesía concreta es la máxima expresión del lenguaje manipulado como objeto autónomo. Para un examen de los factores temporales y espaciales de dichas artes, véanse pp. 33-50.

cultural de la palabra. El lenguaje pictórico moderno –colores, líneas y formas– despojado de su función representativa, del bagaje de ideas preconcebidas, de conceptos culturales e intelectuales, facilita instantes comunicativos que prescinden del lenguaje verbal. Esta preocupación motiva a Julio Cortázar, un siglo más tarde, a encontrar en las pinturas y obras visuales de artistas latinoamericanos y europeos, un modo alterno de ver la vida, de contemplar su propia existencia y la del hombre en general, y una oportunidad de crear ensayos que reflejen esos estados psíquicos y estéticos creados por el estímulo pictórico.

En *Territorios* Cortázar, al comentar su propia obra, expresa su deuda con el simbolismo por haberle ofrecido una variedad de caminos artísticos de los cuales poder escoger:

> Al final, sin batalla y solapadamente, las palabras pudieron más que las luces y los sonidos; no fue músico ni pintor, empezó a escribir sin saber que estaba eligiendo para siempre, aunque su escritura guardaba todavía el contacto con los vidrios de colores y los acordes de un piano ya cerrado. Era inevitable que la estética simbolista le pareciera el único camino, que su primera juventud se ordenara bajo el signo de las correspondencia [...] Sin ellos (pintura y música), sin esa fidelidad irrenunciable, no hubiera encontrado los caminos que encontró.[155]

Si sus primeros poemas nacen bajo el influjo de las ideas simbolistas, una obra como *Territorios* indica que ni esas influencias, ni la del surrealismo, han sido totalmente olvidadas en su obra de madurez. Cortázar siempre poseyó una gran curiosidad y pasión por la pintura y la música y, consecuentemente, toda su obra ha sido nutrida por estas dos artes.[156] Su interés es resultado de la búsqueda cortazariana de esa

---

[155] Julio Cortázar, *Territorios*, 2a ed., (México: Siglo XXI, 1979), p. 110. De aquí en adelante, las referencias a esta edición aparecerán como la sigla T, seguida por el número de la página correspondiente a la cita.

[156] En *Territorios*, p. 107, Cortázar delata la fuerte influencia que han ejercido la música y la pintura sobre su obra literaria: "...contrariamente a lo que parecen esperar o encontrar los críticos, las razones motoras de muchos de sus textos le vienen de la música y de la pintura antes que de la palabra en un nivel literario. Muchas páginas se han escrito para explicar cómo Borges o Macedonio Fernández o Franz Kafka, pero muy pocas buscaron 'du côté de chez' Jelly Roll Morton, Sandro Botticelli, Frederick Delius, Duke Ellington, Louis Armstrong, René Magritte, Carlos Gardel, Bessie Smith, Remedios Varo, Mozart, Earl Hines, Paul Klee, nómina interminable y querida, Julio de Caro, Max Ernst, Bela Bartok, y basta de comas, esas puertas giratorias del recuerdo; aquí mismo un punto y aparte patético, insoportable y necesario." Véase de Antonio Urrutia, "Los territorios plásticos de Julio Cortázar", *Cuadernos Hispanoamericanos*,

"otra" realidad totalizante y auténtica que yace bajo la capa de lo visible y superficial. Los lenguajes de la pintura y de la música le facilitan a Cortázar alcanzar esos momentos de pura conciencia, un atisbar de esa "otra" realidad que trata de captar en su literatura.

En *Territorios*, Cortázar continúa la tradición del escritor como crítico de arte que Baudelaire inició a fines de siglo. Este revolucionó la crítica de arte gracias a su estilo de crítica poética. El autor francés no analiza metódicamente la pintura objeto de su estudio, sino que la utiliza como punto de partida para desarrollar sus propias ideas sobre el arte y la literatura, sobre la poesía y la vida. Los ensayos de Baudelaire nos ayudan a conocer mejor el espíritu del poeta francés que la obra de los pintores en cuestión. Cambió la crítica del arte en el arte de la crítica. Sus ensayos son parte esencial de su obra poética y literaria más que un apéndice marginal de ésta; representan la formulación de sus ideas literarias, artísticas y filosóficas reflejadas en su obra poética. Más aún, en sus ensayos Baudelaire incluyó poemas tanto en prosa como en verso para poder expresar en un lenguaje literario el valor estético de la pintura en cuestión. La variedad de sus métodos críticos, sus propios poemas, las descripciones personales del momento de contemplación, los análisis inteligibles sobre el uso de las líneas y de los colores, y sus comentarios filosóficos del arte de la época en general y de la función del artista, hacen de los *Ecrits sûr l'art* un nuevo género de crítica de arte. Son un nuevo camino expresivo para el escritor o poeta interesado en las otras artes.

En este sentido, los ensayos de Baudelaire, como los de Cortázar en *Territorios*, se pueden categorizar como traducciones intersemióticas, es decir, un traslado del sistema de signos visuales al de signos verbales.[157] A diferencia de la crítica tradicional de arte, los

---

364-66 (oct-dic, 1980): 618-23, y de Martin S. Stabb, "Not Text but Texture: Cortázar and the New Essay", *Hispanic Review* 452:1 (Winter 1984): 19-40, donde se señala la importancia del elemento gráfico en el arte ensayístico de Cortázar. Desafortunadamente, el crítico ni menciona *Territorios*.

[157] Utilizamos el concepto de Roman Jakobson que aparece en "On Linguistic Aspects of Translation", *On Translation*, ed. Reuben Brower (Cambridge: Harvard University Press, 1959), p. 233. Adoptando la terminología semiótica de Pierce, Jakobson hace una distinción entre tres tipos de "creative transposition": "Intralingual translation", "Interlingual translation" e "Intersemiotic translation or transmutation" que define como "an interpretation of verbal signs by means of signs of nonverbal sign systems." George Steiner también llama "transmutation" a este tipo de interpretación de signos verbales en signos no-verbales en *After Babel* (New York/Londres: Oxford University Press, 1975), p. 260, como Octavio Paz en *El signo y el garabato* (México: Joaquín Mortiz, 1975), p. 31, quien utiliza el término de "transmutación" para definir los ensayos de Baudelaire y, en general, el trabajo del artista: "la interpretación de

ensayos de Baudelaire y Cortázar cabrían dentro de la rúbrica "intersemiótica" de la traducción ya que el lenguaje verbal utilizado por ambos escritores asume una función poético-literaria, expresiva, y no sólo intelectualizadora o racional. Octavio Paz, al comentar el libro de Luis Cardoza y Aragón dedicado a la pintura de Gunther Gerzo, describe dicha relación entre pintura y ensayo:

> El texto de Cardoza y Aragón, como los mejores suyos, oscila entre la traducción y la creación. Traducción al lenguaje verbal del lenguaje plástico del pintor; creación, a partir del discurso pictórico, de otro discurso que, sin embargo, depende de la pintura y vuelve a ella continuamente. Ambas operaciones se confunden y son, quizá, una y la misma: la crítica es traducción y ésta es creación poética. El texto de Cardoza y Aragón es el texto de un poeta que *oye* con los ojos y el tacto el lenguaje de un pintor.[158]

Ello convence cuando se describe en términos metafóricos. Pero a nivel de la práctica, en la realización de estos conceptos, ¿es posible traducir con éxito de un sistema de signos a otro? Si el lenguaje verbal es sucesivo, racional, y está imbuido de connotaciones culturales y sociales, ¿cómo podrá transmitir, fielmente, los elementos de silencio verbal, de simultaneidad y totalidad visual de la pintura? Suzanne Langer, por ejemplo, insiste en la exclusividad mutua de cada sistema artístico y considera que cualquier intento de hibridización de las artes es inevitablemente fallido.[159] Según ella, la síntesis de dos sistemas artísticos implica la absorción o violación de uno por el otro, y no la convivencia de ambos dentro de un todo estético. Baudelaire y Cortázar, aunque conscientes de esta imposibilidad técnica, no sucumben ante ella. A través de los ensayos del francés, encontramos admisiones de este tipo: "Il est impossible d'exprimer avec la prose tout le calme bienheureux qu'elle (la peinture) respire, et la profonde harmonie qui vage dans cette atmosphère", o "la langue" no puede definir esos

---

signos no lingüísticos por signos lingüísticos —o a la inversa." En *Territorios*, el escritor transpone el valor estético de las artes visuales en el sistema de signos verbales, es decir, en literatura.

[158] Octavio Paz, "Gerzo: la centella glacial", en *El signo y el garabato*, p. 190.

[159] Suzanne K. Langer, "Deceptive Analogies", en *Problems of Art* (New York: Charles Scribner's Sons, 1957), p. 86.

"moindres plaisirs" que ofrece el arte pictórico.[160] En la obra de Cortázar abunda igualmente este tipo de postura metaliteraria sobre la imposibilidad de "describir" o "explicar" las otras artes debido a la insuficiencia del lenguaje frente a la autonomía expresiva de aquéllas. Por ejemplo, en su ensayo sobre el baile de Rita Renoir, "Homenaje a una joven bruja", Cortázar titubea ante su necesidad de describir los movimientos de la bailarina con el lenguaje ya gastado que posee como instrumento: "aquí se instala lo indescriptible, aquí mi mano tantea en un teclado convencional para decir lo que los dedos de la bruja harán sin el menor tanteo...".[161] En su prólogo a *Territorios*, el autor expresa su actitud sobre la insuficiencia del lenguaje mediante un comentario humorístico en boca de Polanco: "Si los puntos pintan o bailan o sacan fotos es porque no necesitan que vengas a llenarles la cara de palabras." (T, p. 7) Ante la autonomía de la pintura, de la fotografía y del baile, Cortázar cuestiona la necesidad de componer ensayos y poemas que les sirvan de suplemento sin añadir nada a sus posibilidades estéticas. Como respuesta a dicha problemática, el escritor argentino compone una obra de naturaleza diferente al ensayo crítico de arte. Si Baudelaire revolucionó la crítica de arte a fines del siglo XIX debido a su interés por la pintura como fenómeno poético más que como objeto de estudio racional, el argentino revoluciona aún más el género del ensayo poético heredado del poeta francés.

Cortázar rompe con el concepto de que el arte de la pintura ilustra, pero no informa, es decir, ésta no puede proponer en sí misma una tesis de tipo cognitivo ya que necesita encontrar su significación en otro sistema de signos, específicamente, en el verbal. Esta idea sobre "el tránsito de lo sensible a lo inteligible" ha sido propuesta, entre otros, por Octavio Paz en su artículo sobre la crítica de arte de Baudelaire:

---

[160] La primera cita corresponde al ensayo "Salon de 1846", p. 173, y la segunda a "Salon de 1859", p. 146. Este tipo de comentario abunda en los *Ecrits sûr l'art* de Baudelaire. Véanse las páginas 162, 190, 228 y 238 del segundo volumen de esta colección.

[161] Julio Cortázar, *Territorios*, p. 20. Al igual que en los ensayos de Baudelaire, en los ensayos de *Territorios* abundan las citas de este tipo. En el "Territorio de Leo Torres Agüero", p. 103, Cortázar menciona que el lenguaje lleno de lógica occidental que utiliza, el español, no ayuda a expresar la esencia del poema indio "Vijñana Bhairava", en el cual se expresa el fenómeno de percibir el intersticio hacia la otra Realidad. Sus palabras son "palabras anquilosadas de lógica occidental", y por esa "desconfianza del vocabulario" se niega a "toda tentativa de explicación". En este caso, las diferencias en los sistemas culturales explican la insuficiencia del lenguaje. En las páginas 22, 26, 30 y 86 se encuentran más comentarios de esta índole.

...en cuanto se abandona la esfera de lo sensible, –sonido en el lenguaje, color y dibujo en la pintura– se advierte una diferencia notable: una frase (combinación de palabras) se traduce por otra frase; un cuadro (combinación de colores y líneas) se traduce por una frase. El tránsito de lo sensible a lo inteligible no se realiza en el interior de la pintura sino fuera de ella: el *sentido* se despliega en un universo no-pictórico. O dicho de otra manera: el lenguaje de la pintura es un sistema de signos que encuentran su significación en otros sistemas.[162]

Los ensayos de Baudelaire en general no se liberan totalmente de su función crítica, aunque se consideren poéticos debido a la dirección temática que toman. El método crítico es describir el placer (*volupté*) inicial que el autor experimenta al contemplar las pinturas, para luego ofrecer una explicación racional (*connaissance*) de esa respuesta. En este sentido, Paz considera que hay un tránsito de lo sensible a lo inteligible, ya que el cambio mismo del sistema de signos pictóricos al verbal implica una transición de la recepción sensorial a la respuesta cognitiva.

En *Territorios*, Cortázar tampoco se deshace de la función cognitiva del lenguaje verbal. Hay secciones de sus ensayos que interpretan el valor cultural, social e histórico del arte en cuestión. Tales explicaciones, sin embargo, representan divergencias menores en cuanto a la estructura general de los ensayos y su aproximación al arte no verbal. Cortázar logra componer narraciones y poemas que funcionan para ser sentidos y percibidos con la intuición más que con la inteligencia o el razonamiento. Este lenguaje de *Territorios* es, en general, el mismo que caracteriza el resto de su obra. Es un lenguaje poético basado en la intuición, en el ritmo de las frases, en la sensorialidad de la palabra y de los sonidos, y no necesariamente en la interpretación racional o en el valor semántico-cultural de la palabra. De tal modo, su lenguaje asume una función paralela a la estructura del lenguaje visual en la pintura moderna: la de comunicar a través de la intuición en vez de la lógica figurativa.[163]

Los ensayos, el cuento, los poemas en prosa y los poemas permutantes que aparecen en *Territorios* no constituyen explicaciones de las pinturas u obras de arte, sino fenómenos sinónimos de ellas. Son

---

[162] Octavio Paz, "Presencia y presente: Baudelaire crítico de arte", en *El signo y el garabato*, p. 32.

[163] Herbert Read, *A Concise History of Modern Painting* (New York: Oxford University Press, 1974 ed.), p. 156.

piezas literarias en las que se plasma el proceso de significación en movimiento que Cortázar experimentó como contemplador de estas artes. Son la expresión de su lectura personal – una lectura cómplice, sin duda – descrita en un lenguaje altamente poético e intuitivo como alternativa al lenguaje explicativo del ensayo tradicional. Según Jaime Alazraki, *Territorios* es "la respuesta (de Cortázar) a la invitación al diálogo" de estas artes. "El ensayo de Cortázar", amplía Alazraki, "no busca reemplazar un territorio (el objeto artístico) por otro (la escritura), sino establecer un puente entre ambos."[164] La imagen de "puente" revela la esencia dialéctica y fenomenológica de estos textos. Cortázar no escribió ensayos que correspondieran, parte por parte, o analógicamente, a las pinturas, sino que describieran las situaciones mentales, intuiciones, los momentos absurdos, los viajes en el tiempo, y los recuerdos de su niñez estimulados por la sensación visual del acto contemplativo. El papel del arte moderno es estimular el proceso de significación en el contemplador, ya sea mediante el autorreconocimiento, o mediante una experiencia dialéctica que resulte en un mayor conocimiento de sí mismo y de su mundo. Kandinsky, en *Concerning the Spiritual in Art*, describe dicho proceso como la función primordial del arte moderno, la epistemológica:

> A work of art consists of two elements, the inner and the outer. The inner is the emotion in the soul of the artist; this emotion has the capacity to evoke a similar emotion in the observer.
>
> Being connected with the body, the soul is affected through the medium of the senses – the felt. Emotions are aroused and stirred by what is sensed. Thus the sensed is the bridge, i.e., the physical relation between the immaterial (which is the artist's emotion) and the material, which results in a work of art. And again, what is sensed is the bridge from the material (the artist

---

[164] Jaime Alazraki, "Tres formas del ensayo contemporáneo", *Revista Iberoamericana*, 118-119 (enero-junio, 1982): 18-19. Se añade que: "Cortázar entiende el ensayo no como una descripción o comentario o traducción de ese lenguaje (pictórico), sino como el oído, el ojo o la marcha que responde a la invitación al diálogo de esta música, aquel cuadro o este edificio." Concuerdo con este comentario ya que Cortázar no intenta describir de un modo tradicional las obras pictóricas en las que se basa, sino expresar su respuesta emocional intuitiva y asociativa a ellas. Pero insistimos en el hecho de que hay un tránsito del sistema de signos visuales al verbal, y que hay una conciencia de los problemas innatos en este cambio por parte del autor. En este sentido, la obra se puede considerar "traducción intersemiótica" o "transmutación".

and his work) to the immaterial (the emotion in the soul of the
observer).

The sequence is: emotion (in the artist) – the sensed – the
art work – the sensed – emotion (in the observer).[165]

Utilizando este paradigma, se podría afirmar que *Territorios* es la
expresión verbo-poética de las emociones evocadas por las pinturas u
otras artes. De modo singular, Cortázar *traduce* esas emociones al
sistema de signos verbales, es decir, las devuelve, transformadas, a la
materialidad de donde surgieron.

En el territorio de Alois Zötl, "Paseo entre las jaulas", Cortázar
comparte con su lector ciertas experiencias pasadas que él recuerda al
percibir las figuras de animales de Zötl. Describe un sueño que tuvo
quince días antes de ver los grabados de Zötl, en el cual toda su
realidad circundante se metamorfoseaba en figuras de elefantes, de las
cuales el soñador no podía escapar. Según Cortázar, este sueño sirvió
como "una manera de resumir cosas más vastas, una suerte de
confluencia hacia Zötl" (T, p. 30). Igualmente recuenta una experiencia
traumática de la infancia, en que asoció el cantar de un gallo en la
madrugada con un sentimiento de "abandono" y de mortalidad; habla
del miedo que le tenía a los ladridos de Hugo, el perro de Jean
Thiercelin, durante su estadía con él y su esposa; de su aventura en
Misiones y de la langosta en Buenos Aires. Estas experiencias no son
aisladas; representan una cadena de asociaciones mentales que forman
parte del proceso de significación experimentado por el autor en su
encuentro visual con el territorio de Zötl. Sus asociaciones lo llevan a
identificarse con el artista, como ocurre en general a través de todo el
libro. Cortázar descubre algo de sí mismo, y de los motivos de su propia
obra literaria, al contemplar el arte de los varios "perseguidores" que
presenta.[166]

---

[165] Herbert Read, p. 171. Es interesante notar que Wendy Steiner, p. 196,
igualmente define la importancia del periodo "cubista" en el arte y la literatura por su
énfasis en lo epistemológico: "The plot of cubist history and historiography is neither
a quest nor a picaresque wandering. It is a kaleidoscopic play: a constant reevaluation
of the relations between concepts and particulars, the creation of unity out of elements
whose heterogeneity is not masked but preserved, a contemplation of meaning itself in
the constantly changing contemporary structures that we form out of elements of the
past. The cubist work, cubism as a period, and a period conceived of cubistically are all
scrutinies of the process of knowledge itself."

[166] La identificación del lector (Cortázar) con el pintor (Zötl) es un rasgo común
en todos los territorios artísticos de la colección. En el caso de Zötl, no hay más que
recordar el bestiario literario de Cortázar: anguilas, mancuspias, conejos, hormigas,
gatos y perros. En cuanto a Alechinsky, véase la nota 4 de este capítulo. A través de

El valor del proceso de significación se expresa más claramente en el "Territorio de Leo Torres Agüero", titulado "Traslado". En este ensayo corto y más "inteligible" que "sensible", Cortázar describe el efecto epistemológico que tienen los cuadros sobre el contemplador:

> Por eso, cada vez, he sentido que la contemplación al mismo tiempo apasionada e inocente de estas pinturas llevaba a un lento traslado, un territorio en el que un trabajo de sutil organización formal facilitaba *algo más* que el alto término estético de cada tela de Agüero. (T, p. 104)

La obra de arte vale en sí misma por su esencia estética, pero a la vez esa estética da lugar a una experiencia de otro orden en el contemplador: la pintura es, pues, "intercesor(a) de otros accesos" ya que revela al contemplador el intervalo o intersticio por el cual se puede experimentar la Realidad.[167] Para Cortázar, el cuadro de Agüero funciona como un espejo, ya que al mirarlo se está mirando a sí mismo: "mirándome desde el cuadro que miro" (T, p. 104). Estas palabras expresan el impacto epistemológico que tiene el arte plástico sobre el pensamiento del escritor argentino. El título mismo, "Traslado", implica ese proceso dialéctico o movimiento entre la obra y el contemplador que forma una nueva percepción del mundo y del ser.

La sed de la experiencia auto-transformadora se refleja asimismo en "La alquimia, siempre", el territorio de Luis Tomasello. Cortázar trata de crear un texto que, afín a las obras de Tomasello, refleje "la eterna sed humana de transformación y de mutación"(T, p. 112). El interés cortazariano por los conceptos de transformación, mutación y alquimia se puede interpretar de tres maneras. Primero, como conceptos ontológicos, ya que todas las artes, el baile, la pintura, la literatura y la música, se basan en experiencias transformadoras para el ser humano a la vez que sirven como punto de partida para tales experiencias. En segundo lugar, se ha mencionado que la historia de la ilustración se caracteriza por un interés continuo de representar escenas

---

Territorios, Cortázar expresa este grado de afinidad de una manera sutil pero consistente en sus pequeños prefacios: "contagiado por él", "tanta afinidad", "este texto no hubiera sido escrito..." son frases que expresan tal deuda.

[167] Dicho fenómeno es similar al experimentado por Baudelaire, según lo describe Lee McKay Johnson, en *The Metaphor of Painting*, p. 42: "what Baudelaire sees in Delacroix's painting is a kind of ideal aesthetic form which gives him the experience of *surnaturel* reality; a sense of total understanding which operates without intermediary analysis, logic or discourse, a feeling of the complete and mysterious unity of total perception."

de transformación o metamorfosis, es decir, de examinar el juego entre las fronteras de dos sistemas de significado, dos realidades o dos condiciones de ser. Según Wendy Steiner,

> though illustration has certainly had other areas of concentration —erotica, to mention just one— the association between drawing and the fantastic, metamorphosis, and areas where the suspension between two modes of meaning is crucial is remarkable, and even in our day this thematic continues. (Steiner, p. 158)

Este tema explica, por un lado, los bestiarios literarios de Cortázar, su interés por los bestiarios visuales y, claro está, su experimentación con el género fantástico en la narrativa, analogía verbal de la temática pictórica mencionada. Finalmente, estos conceptos se aplican en un nivel fisiológico en la pintura: la transformación o alquimia de la luz en colores. La experiencia de captar visualmente "la gimnasia de la luz", en cualquier instante diario, al igual que mediante la contemplación de una obra de Tomasello, fascina a Cortázar. Estas posibilidades de percepción son, de hecho, las que constituyen la magia de la pintura: captar la luz en movimiento y en su metamorfosis hacia el color. El valor de la obra de Tomasello yace precisamente en hacer que un "objeto sólido e inmóvil", de formas rigurosas, se dilate en "luz y color, tiemble en el espacio, lata con el mismo corazón del que lo está mirando". (T, p. 114) Nótese aquí la función del contemplador en la vida de la obra de arte. Sin éste, sin el acto de percepción visual, la obra estaría incompleta, ya que el acto perceptivo mismo da lugar a la transformación material (de la pintura) como a la ontológica (del contemplador).

Al formular estas preocupaciones con el efecto epistemológico del arte, Cortázar continúa la tradición simbolista de encontrar lo espiritual a través de lo sensorial.[168] Si Baudelaire buscaba la realidad espiritual

---

[168] La preocupación de que lo estético nos conduzca hacia una experiencia epistemológica, de autoconocimiento, es similar al concepto de "sensation morale" que Baudelaire definió en sus ensayos sobre el arte. Según Lee McKay Johnson, p. 37, "it is important to remember that what Baudelaire identifies as the primary effect of a work of art involves moral communication; he does not believe that either paint or words operate within a pure aesthetic vacuum, but that somehow the essence of a work of art lies within the concrete conditions of the medium itself". La contemplación de una obra de arte, en sí, no es una instancia aislada de placer en la vida de una persona, sino que forma parte del proceso de autoconocimiento y de conocimiento de la realidad en general. Para Baudelaire como para Cortázar, lo estético conduce a lo epistemológico.

mediante un punto de acceso como el olor del pelo de la mujer, o la
visión o sonidos de algo rutinario y diario, cien años más tarde Cortázar
comparte con sus lectores un fenómeno similar. Las pinturas o cuadros
son puntos de acceso para "algo mayor", lo cual comienza a tomar
vigencia mediante el recuerdo de experiencias sensoriales. Estas evocan
en él un sentido total de la Realidad. Por lo tanto, sirven como
intersticios entre una y otra realidad. Es decir, el Arte es el comienzo
y el final en el círculo de instancias significativas para el contemplador:
la percepción presente del arte evoca el recuerdo, vivencia pasada, y la
combinación de estas dos experiencias resulta en la aprehensión total de
la Realidad, en la que se funden el tiempo y el espacio. Este contemplar
totalizante de la Realidad se expresa, a su vez, mediante el arte. El
círculo se cierra.

Cortázar manipula el lenguaje poético para que exprese el sentido
de simultaneidad particular de las artes plásticas. Además, al igual que
sus antecedentes simbolistas, cubistas y surrealistas, combina las
palabras y las sensaciones (sinestesia) de manera que expresen la
experiencia totalizadora estimulada por las otras artes.[169] En "Homenaje
a una joven bruja", Cortázar comenta que el baile de Rita Renoir no
tiene nombre, "puesto que todo sucede ahí como una especie de
después que fuera un antes..."(T, p. 19) Aquí la mezcla de los tres
tiempos verbales (y el uso en particular del imperfecto subjuntivo)
indica, estilísticamente, la experiencia totalizadora que Cortázar tendrá
como contemplador del baile: será transportado a "otro plano" en que
no existen los límites del tiempo. Al principio de este "territorio", el
autor utiliza la imagen del "ovillo" para demostrar que el fenómeno de
observar el baile es como una esfera cubierta de varios niveles
superpuestos, como círculos concéntricos constantemente girando
alrededor del centro, que es el ser. El "ovillo" constituye una analogía

---

[169] Para expresar en sus ensayos el efecto simultáneo y totalizador de la pintura,
Baudelaire recurre a la escritura de poemas cuya combinación sorprendente de palabras
(antecedente de la imagen ultraísta) funciona como los colores y líneas en el arte. Por
ejemplo, la imagen "lac de sang" ilustra el efecto del rojo en una pintura de Delacroix
(en "Exposition Universelle de 1855", p. 403). Tal imagen verbal debe crear una
sensación en el lector análoga al rojo en la pintura de Delacroix, una sensación que se
establezca antes de que el significado denotativo de las palabras en sí imponga una
interpretación cultural o lógica. Esta imagen aparece en un contexto con otras unidades
semánticas del mismo tipo, creando así un poema corto de efecto análogo al de la
pintura.

de la escritura poética, en la que el autor deja atrás "los usos de la ciudad" –lo lógico y racional– y

> donde tanto acontecer se aglutinaba ya en el lento limbo del desecho y el olvido, Rita Renoir, un viaje en auto por Auvernia y Dordoña, la casa de Heinz von Cramer en el Trastévere, las aventuras de Valentina dibujadas por Guido Crepax, lo razonablemente desemejante y alógeno, mujeres y carreteras y músicas *pop*... (T, p. 17)

Asimismo la imagen circular del ovillo ilustra la esencia intuitiva y simultánea del fenómeno expresado en casi todos los territorios literarios cortazarianos. Es el fenómeno de la cadena de asociaciones intuitivas estimuladas por una obra de arte en particular. El baile, que representa la síntesis del tiempo y del espacio, consiste en movimientos que Cortázar asocia con otras situaciones o percepciones personales, como los dibujos de Valentina que había visto antes. Estos le ofrecen una nueva perspectiva liberada de los preceptos impuestos por la sociedad, cultura y religión. Aun en su calidad de dibujos, las curvas, líneas y poses de Valentina revelan al contemplador una nueva visión del cuerpo humano totalmente antagónica a la imagen que la cultura y la religión han formulado sobre éste. Ya que lo histórico pierde validez ante la percepción totalizadora vacía de prejuicios, conceptos y moral social, la fusión de tiempos es imprescindible para entender el fenómeno de significación cortazariana, no sólo en su valor estético sino moral.

La síntesis al nivel del estilo, aunque desde un ángulo distinto, se expresa en "Las grandes transparencias", territorio dedicado a Leonardo Nierman. Las pinturas de Nierman invitan al autor a recordar las experiencias fantásticas y estéticas de su niñez, instancias en que el estímulo del color en movimiento iniciaba una serie de viajes imaginativos para el niño Cortázar. Para lograr el efecto de simultaneidad asociativa y totalidad perceptiva, Cortázar narra algunas de las experiencias visuales de su infancia. Las bolitas de vidrio, los caramelos a medio chupar, el papel marmolado para forrar cuadernos, las lupas y el reloj de viaje de su abuela, son algunos de los objetos que estimularon en él un "vértigo de la transparencia". Pero, en este caso, un sentido también estimula a otro. El cielo azul se asocia con el olor a sal, con el fragor de las olas y la sensación visual de cristales rompiéndose en fragmentos. También las palabras estimulan lo visual, ya que el niño, al pronunciar ciertos vocablos, evocaba un mundo de colores y transparencias:

Y que las palabras donde todo eso dormía para despertarse
sonido y luz cuando él interminablemente las repetía –gema,
topacio, lente, cairel, fanal, translúcido, arcoíris, opalina– lo
llevaran a un ritual de evocaciones en plena noche, durante las
enfermedades, en la modorra de las convalecencias: decir *gema*
y ver lo rosa, lo transparente, lo prismado de la caverna de Alí
Babá; pensar *faceta* o *bisel*, y recibir desde la imaginación un
abanico newtoniano, epifanía total y suficiente que ningún
manual de física podría darle jamás.[170]

Las experiencias sinestésicas ejemplifican la relación intuitiva que, para
el artista, naturalmente existe entre las artes. En la realidad interna del
ser humano, no hay límites entre ellas. Percibimos nuestra realidad
circundante, sonidos, colores, movimientos, palabras, si no de manera
simultánea, por lo menos mediante asociaciones sensoriales. Al tratar
de expresar sus percepciones del mundo que lo rodea, el ser humano se
encuentra con el problema de separar los varios elementos para poder
verterlos en un nuevo sistema expresivo, en este caso el verbal. Ya
Baudelaire había expresado este fenómeno asociativo entre las artes en
su ensayo sobre la música de Wagner:

Je me sentis délivré *des liens de la pesanteur*, et je retrouvai
par le souvenir l'extraordinaire *volupté* qui circule dans *les lieux
hauts* [...]. Ensuite je me peignis involontairement l'état
délicieux d'un homme en proie à une grande rêverie dans une
solitude absolue, mais une solitude avec *un immense horizon*
et une *large lumière diffuse*; [...] Bientôt j'éprouvai la sensation
d'une *clarté* plus vive, *d'une intensité de lumière* croissant avec
une telle rapidité, que les nuances fournies par le dictionnaire
ne suffiraient pas à exprimer *ce surcroît toujours renaissant
d'ardeur et de blancheur*.[171] (subrayados míos)

---

[170] Cortázar, *Territorios*, p. 109. Nótese aquí el valor sensorial autónomo de las
palabras subrayadas: *gema, faceta y bisel*. Al Cortázar pronunciar estos sonidos evocaba
experiencias visuales o imaginativas, sin tener en cuenta los significados de estas
palabras asumidos por la sociedad y cultura. Esto es, específicamente, lo que quiso
lograr Baudelaire con el lenguaje poético.

[171] Charles Baudelaire, "Richard Wagner et 'Tannhäuser' à Paris", *Ecrits sûr l'art*,
vol. 2, pp. 227-228. Lee McKay Johnson, p. 23, cita estas palabras de Baudelaire en
inglés. La fascinación de Baudelaire por Wagner tuvo que ver con el arte de la ópera
en que sintetizó la pintura, la literatura y la música. Baudelaire encuentra en esta
síntesis un medio expresivo ideal.

Cortázar, consciente de este fenómeno asociativo, pone en duda la problemática de la sinestesia mental. En su breve pieza, "Acerca de las dificultades para escuchar la pintura", el autor argentino no utiliza las correspondencias entre las artes como metáfora, sino de una manera literal. Se pregunta: si puede "dibujar" con la música, ¿por qué no puede "escuchar" la pintura? Es decir, le es fácil poder visualizar otras realidades al escuchar música: "la música, como la de Orfeo en el soneto de Rilke, nos dibuja sin esfuerzo un árbol en el oído."[172] Por otro lado, le es más difícil imaginarse una realidad sonora y musical al contemplar una pintura. Su cuestionamiento reafirma, por un lado, las diferencias esenciales entre los medios empleados por cada arte. La música, el arte de los sonidos, del medio más abstracto en relación con los demás, es tal vez la que estimula más fácilmente realidades concretas y particulares, lo visual. Un medio tan particular, concreto y físico como el de las artes visuales, los colores y las líneas, no evocan algo particular, sino asociaciones de índole más abstracta y menos tangible. Paradójicamente, el texto de Cortázar, al poner en duda y polemizar la sinestesia, reafirma la simultaneidad con la que el artista experimenta las artes en su realidad interior. Lo difícil es, pues, *traducir* y, por consecuencia, *reducir* las percepciones dentro de los deslindes de un medio expresivo en particular.

En la pieza literaria mencionada, Cortázar expresa tal problemática mezclando y fundiendo sus alusiones a las artes: "escuchar la pintura", "las pinceladas que traza la melodía". Utiliza un lenguaje igualmente sinestésico a través de todos sus territorios pictóricos. En los poemas que acompañan los grabados de Llinás, menciona el ritmo de los colores: "El blanco, el negro: no se sabe cómo/todos los grises vienen a la cita,/se concilian en ritmo y se resuelven/en infinitas gradaciones". (T, pp. 65-66) Aquí las palabras intentan traducir el concepto de modulación en la pintura: el blanco y el negro dan lugar a ciertas áreas grises en los grabados. Pero los tres colores parecen venir uno del otro,

---

[172] Cortázar, *Territorios*, p. 78. Continúa Cortázar describiendo su experiencia sinestésica mediante la música: "Así, mientras vuelvo a la improvisación de Charlie Parker en 'Out of Nowhere', veo distintamente las pinceladas que traza la melodía, y el resultado es un gran ventanal naranja en el que pequeñas nubes van y vienen como globos, una especie de Magritte pero a los saltos, dése usted cuenta." En el poema "720 círculos", p. 130, se utiliza asimismo la sinestesia para establecer la esencia musical de la obra plástica de Denmarco: el timbalero que dibuja/el ritmo de su telaraña/en ese oído al que ya basta/la antimateria de la música." Estas líneas son sólo varios ejemplos de ese tipo de expresión. Véanse las siguientes páginas para más ilustraciones: 75, 78, 86, 107, 108, 110.

a despecho de las líneas que marcan los límites entre las formas. El uso de las líneas es tal que crea una impresión de formas en movimiento, y esto le sugiere a Cortázar la fusión de las tres razas latinoamericanas.

El empleo de vocablos musicales para describir las obras pictóricas es común en *Territorios*. Dicha selección estilística se justifica en la naturaleza abstracta del arte moderno, en que las líneas y figuras no representan una realidad objeto en particular, sino que en su totalidad evocan una impresión general, un *mood*. La presencia de líneas, curvas y colores crean un ritmo visual, dando la impresión de ser obras en movimiento. Las líneas o figuras no tienen principio ni fin, no forman una entidad lógica o figurativa. Por el contrario, funcionan como variables del espacio, y también del tiempo en cuanto a que varían dependiendo de cómo son percibidas. Cortázar es sensible a este aspecto del arte moderno cuando, por ejemplo, hablando de las piezas geométricas de Tomasello, menciona: "el placer de liberar en pleno rigor geométrico y plástico, algo como las emociones de la materia, su *murmullo* azul o naranja" (T, p. 114). La palabra "murmullo" aprehende el efecto disipador de las obras de Tomasello, cuyas formas rigurosas, mesuradas y geométricas constituyen una totalidad visual en que se disipa lo particular –el color, las líneas– y se percibe un efecto general, vago, ambiguo, sin una organización en particular. El objetivo de estas obras es dejar un efecto en el contemplador, la sensación imprecisa, la dilatación de lo particular en lo general. En este sentido, la palabra "murmullo", calificada por adjetivos de color, expresa intensamente la sensación de algo dicho, o a medio decir. La inminencia de un mensaje, y nada más.

Mediante los recursos de la sinestesia en cuanto al estilo, de la síntesis de las artes al nivel filosófico y fenomenológico, y mediante la síntesis temporal y espacial ilustrada en las asociaciones mentales del hablante, Cortázar plantea el problema de la insuficiencia del lenguaje verbal para poder traducir la esencia de las otras artes en la literatura. A diferencia de Baudelaire, el escritor argentino implementa una solución: un lenguaje verbal poético, no figurativo, despojado de su función racional y denotadora, y llevado a su máxima expresión intuitiva de la realidad. Sus ensayos son una lectura "cómplice", respuestas fenoménicas a la pintura, el baile, la fotografía y la escultura. En este sentido, las piezas literarias de *Territorios* representan el traducir de un proceso artístico más que de un objeto de arte.

Sin embargo, hay una sección en *Territorios* que difiere de los ensayos hasta ahora discutidos. La titulada "Poesía permutante" se podría categorizar más claramente como "traducción intersemiótica" ya que los poemas funcionan como textos análogos a las obras pictóricas y a las esculturas de Demarco. Las estructuras poéticas corresponden, casi parte por parte, a las pictóricas. No es sorprendente que Cortázar haya escogido la poesía permutante para acompañar la obra de Hugo Denmarco, ya que ésta ejemplifica en las artes visuales lo que representa la poesía permutante en la literatura contemporánea. Los elementos del azar, del texto en movimiento, la función especial que asumen los factores del tiempo y del espacio en este tipo de poesía, se encuentran análogamente en la obra de Denmarco. Como el mismo Cortázar dijo en su epígrafe a este "territorio", "todo lector puede ser un jugador, el resultado será siempre producto del azar en aquellas manos que le den su máxima apertura".[173] La poesía permutante se basa en manipular el tiempo y el espacio con fines de crear una lectura abierta y sujeta al azar. Por lo tanto, el sistema del signo verbal no funciona como tal, sino en conjunción con los otros sistemas de signos a-verbales (espacio, tiempo). No es sorprendente, pues, que la poesía permutante sea una manera viable de representar la síntesis interartística. Tal correspondencia genérica pudo haber motivado a nuestro autor a crear dicha combinación, ya que él había escrito los poemas muchos años antes de ver la obra de Denmarco, otra ilustración del "azar" que, según él, guió tanto su obra.[174]

Cortázar encontró una combinación de "rigor" y "juego" en la obra de Denmarco, la cual sirve de fundamento para los poemas que acompañan la obra pictórica. El nivel de "rigor" consiste en la cantidad limitada de frases y palabras utilizadas en el poema. El "juego" tiene lugar dentro de la posibilidad combinatoria de las diferentes variaciones que se pueden percibir con esta base lingüística. La lectura de las palabras o versos está abierta a cualquier posibilidad. Por ejemplo, en el primer poema de la serie, "Fuera de todo tiempo", hay dos columnas verticales o cuatro columnas (divididas por el espacio en blanco) de

---

[173] Cortázar, *Territorios*, p. 128. En su ensayo "Poesía permutante: noticia", *Ultimo round* (México: Siglo XXI, 1969), p. 65 (planta baja), Cortázar menciona que "estos juegos fueron comenzados en Delhi, en casa de Octavio Paz y en una oficina de las Naciones Unidas, de febrero a marzo de 1967. Paz, que entonces trabajaba en sus *Topoemas*, analizó conmigo la primera tentativa '720 círculos' ". Aquí se muestra el interés de ambos poetas por aprovechar las posibilidades estéticas de la poesía permutante. Paz asimismo creó sus *Discos visuales*, que representan su tentativa de crear poesía concreta.

[174] En una carta fechada unas semanas antes de su muerte, Cortázar, respondiendo a la lectura de este capítulo, me indicó que, sorpresivamente, él no había utilizado los grabados de Denmarco como inspiración para sus poemas, sino que, al ver los textos pictóricos, se acordó de aquellos poemas que había escrito hacía ya muchos años. Recalcó que esto fue "otro juego del azar".

palabras o unidades semánticas (una unidad semántica puede ser una palabra sola o acompañada de una preposición o conjunción). Cada columna consiste, verticalmente, en once unidades semánticas. En el grabado de Denmarco, encontramos dos columnas verticales de varios tonos formadas por once círculos. Las dos columnas crean la impresión visual del impacto de la luz sobre el fondo oscuro de círculos violeta en un fondo negro. La impresión es de luz en movimiento debido a la sucesión de tonos, desde un gris violáceo en los extremos hacia tonos de verde en el medio culminando en tonos de amarillo en el centro.

En el poema, las columnas de palabras forman lo que se podría llamar una tonalidad verbal o poética, es decir, una sugerencia estética, que cambia de acuerdo a la manera en que se lean las unidades semánticas. Si, por ejemplo, la columna se lee verticalmente, la primera imagen que invade al lector es: "espejismos" "o amor", la cual establece el amor como un espejismo, como algo que parece ser, pero que necesariamente no es. El vocablo "espejismo", claro, describe de modo más concreto el efecto visual que crea la obra de Denmarco, complemento al poema y cuyos signos visuales "saturan" el sistema de signos verbales.[175] Cortázar, pues, explota el efecto visual y lo combina con otras asociaciones conceptuales y vivenciales.

Si leemos la columna horizontalmente, se forma la imagen "espejismos distantes" seguida por "o amor con flores". De nuevo, hay una identificación entre el amor y el espejismo, pero al leer más adelante, la imagen de las flores a su vez se metamorfosea en "con cadenas de lujo", y, "de lujo" se torna en "de olvido". Nótese en este caso el lenguaje en metamorfosis que se crea al repetir la preposición "con" y "de" en ambas instancias, y al variar el sustantivo: las flores se tornan en cadenas de lujo, y el lujo, en olvido. Si Denmarco crea un sentido de movimiento óptico mediante el cambio gradual de tonalidades en las columnas, Cortázar logra un efecto paralelo mediante

---

[175] Utilizo el término "saturar" según lo expone Julio Plaza, en su artículo "Reflection Of and On Theories of Translation", *Dispositio* 6:17-18 (Summer-Fall 1981):45-91, en el cual discute la naturaleza tautológica, ambigua y sincrónica del arte, factores que conducen a la inevitabilidad de las traducciones intersemióticas, más que a imitaciones serviles de los textos. En cuanto a la traducción intersemiótica, "one code learns from another when it brushes against the other: hence there is a saturation of codes." (p. 52)

la combinación de palabras que, en su totalidad, crean un efecto de movimiento semántico.[176]

Otro tipo de permutación que aparece en esta serie de poemas es el cambio del verso a la prosa. En "Homenaje a Alain Resnais" (T, p. 133), Cortázar presenta veintiún unidades semánticas, en versos agrupados en tres y dos: 3-3-2-3-3-2-3-2. Las imágenes componen una realidad visual en blanco y negro: la ventana cerrada, la penumbra, la luna, la mujer de blanco. A esto, Cortázar añade el efecto multiplicador de la distancia y la perspectiva mediante el empleo de términos espaciales: *pasillo, puerta, pasaje, escalera, terrazas, alcoba, zaguán, ventana, espejo.* El sentido de movimiento, casi siempre vertical, se facilita con las preposiciones asimismo de dirección y espacio – *tras, desde, donde, hasta, más allá, por* –, y el sentido pesadillesco de la realidad visual que se reafirma con la conjunción reiterada "que", la cual enlaza una imagen con la otra, creando un ritmo rápido visual. El poema en sí crea una imagen onírica en blanco y negro que está en perpetuo movimiento vertical y en constante estado metamórfico.[177]

El siguiente texto, "Permutación en prosa" (T, p. 134), es una variación en prosa de las mismas imágenes y contenido que el poema anterior. Encontramos las mismas unidades semánticas combinadas en un orden diferente. Pero el cambio del verso a la prosa crea una percepción distinta en el lector. La lectura es ahora horizontal, y no vertical. Las frases fluyen sucesivamente, sin divisiones de espacio ni de imágenes. Se crea un efecto igualmente alucinante, pero basado esta vez en la aglomeración horizontal de palabras e imágenes, una detrás de la otra, sin silencios ni espacios en blanco.

En su conjunto, los dos poemas traducen al lenguaje verbal las dos coordenadas de la obra de Denmarco que aparece reproducida bajo "Permutación en prosa"(T, p. 134). La obra consiste en líneas blancas ondulantes que fluyen horizontal y verticalmente en un fondo negro. Entre la coordenada vertical y la horizontal hay espacios oscuros, negros, huecos, que dan la misma impresión visual que los "pasillos", "escaleras" y "zaguanes" en los poemas. En su totalidad, la obra crea un efecto de movimiento dual, vertical y horizontal, el que Cortázar ya

---

[176] En el poema "Antes, después", *Territorios*, p. 133, encontramos ese mismo efecto de permutación y metamorfosis que se establece gracias a la combinación azarosa de las unidades semánticas. En este caso, tal unidad la constituye el verso en vez de la palabra.

[177] El poema aparece también en *Ultimo round*, pp. 165-172. El efecto de texto en movimiento se acentúa aún más en esta publicación, ya que la división de estrofas en páginas individuales invita al lector a que lea el poema en cualquier orden.

había captado en sus poemas. Por otro lado, se percibe igualmente un sentido de aglomeración y de asfixia laberíntica debido a la conjunción de las dos coordenadas de líneas blancas con el fondo oscuro. La manipulación del espacio de la página y la explotación del valor evocador de las palabras crean dos traducciones lingüísticas que, combinadas, representan una analogía bastante estricta de la pieza de Denmarco.

Cortázar respondió a la invitación de las obras de Denmarco para que el contemplador participara activamente en la lectura y significación de ellas. El efecto total y totalizante que se crea al percibir visualmente la pieza de Denmarco se traduce en términos lingüísticos en los poemas de Cortázar. La naturaleza abierta de ambos textos, el pictórico y el verbal, y la libertad de interpretación que ofrecen, hacen posible tales correspondencias azarosas que, paradójicamente, resultan ser tan perfectamente paralelas en sus estructuras. Cortázar no trató de pintar verbalmente ("word-painting") la obra de Denmarco, ya que ésta no consiste en figuras o imágenes que puedan ser descritas −es decir, arte figurativo− sino en líneas y colores que, en su combinación singular, crean un efecto totalizante. El lenguaje verbal evoca imágenes visuales tanto como la pintura y, en este caso, el efecto tridimensional, pesadillesco y laberíntico de la pieza de Denmarco se filtra igualmente en los poemas de Cortázar. El lenguaje verbal no puede evitar completamente las imágenes figurativas y concretas, como por ejemplo "la mujer en blanco" y "el muerto boca abajo". Pero en su totalidad, en la magia y alquimia de la sintaxis combinatoria, el poema tiene el poder de evocar el mismo sentimiento que surge de la obra abstracta y geométrica de Denmarco, cuyo efecto es creado sólo por líneas ondulantes blancas en un fondo negro.

Territorios, pues, ejemplifica el concepto de traducción intersemiótica de dos maneras. La sección de "Poesía permutante" consiste en poemas cuyas estructuras y relaciones entre sus unidades semánticas son análogas a las de las obras visuales que los complementan. Mediante la manipulación del valor del espacio en blanco, la minimización del contenido verbal, y la combinación aleatoria, Cortázar logra que la lectura de estos textos tenga un efecto en los lectores paralelo al de las obras de Denmarco. Aun cuando no se hayan inspirado en éstas, los poemas de Cortázar logran ser traducciones o reproducciones intersemióticas de lo visual. Dadas las circunstancias en que se combinaron estos textos, podríamos decir que los poemas son "coincidencias intersemióticas", resultados del azar. Revelan asimismo que la traducción puede ocurrir de modos anacrónicos, que no hay que establecer un texto primero o un modelo, sino que ambos textos, producidos en contextos separados, convergen en algún punto en la historia. Por otro lado, los ensayos de *Territorios* responden en un nivel fenomenológico a las obras contempladas por Cortázar. Los dos tipos de traducciones intersemióticas, los poemas-análogos y los ensayos-respuestas, van más allá de la crítica tradicional de arte. El autor nos conduce a su mundo interior bajo el estímulo de la obra visual. La crítica de arte, en este texto, alcanza un valor fenomenológico y epistemológico que cien años antes se atisbara en los ensayos de arte de Baudelaire. *Territorios* es la evidencia personal de que, para Cortázar, en nuestro siglo los límites entre las artes existen mayormente para los objetivos del crítico, y no para el artista, quien vive las artes en constante traducción.

Bibliografía selecta de autores europeos y norteamericanos traducidos al español en la revista *Sur* (1931-1983)[*]

Artaud, Antonin. "Poemas". Versiones de A. P. 38: 294 (mayo-junio 1965): 40-51.

Auden, W. H. "En memoria de W. B. Yeats". Trad. J. R. Wilcock. 17: 153-156 (julio-octubre 1947): 388-391.

Beauvoir, Simone de. "Literatura y metafísica". 16:147-149 (enero-marzo 1947): 289-301.

Bellow, Saul. "Distracciones de un novelista". Trad. María Raquel Bengolea. 35:268 (enero-febrero 1961): 45-60.

Bonnefoy, Yves. "El poeta desinteresado". Trad. Alejandra Pizarnik e Yvonne Bordelois. 36: 278 (sept.-oct. 1962): 7-11.

___ "Trasponer o traducir *Hamlet*". Trad. Alejandra Pizarnik e Yvonne Bordelois. 37: 289-290 (julio-octubre 1964): 61-67.

Brecht, Bertolt. "El delator". 14:130 (agosto 1945): 28-39.

Bretón, André. "El castillo estrellado". 6:19 (abril 1936): 71-99.

___ "Cabezas de tormenta". 7:32 (mayo 1937): 7-40.

Caillois, Roger. "Disolución de la literatura". Trad. Lily C. de Ibáñez. 18:160 (febrero 1948): 7-19.

___ "Una poesía enciclopédica". Trad. Daniel Devoto. 21:185 (marzo 1950): 10-20.

---

[*] No se incluyen todos los autores, sino los más conocidos y los que aparecieron con más frecuencia en la revista durante esos años. Se incluye el nombre del traductor o traductora a menos que no haya aparecido en la revista.

___ "Corta historia de la doctrina". Trad. Aurora Bernárdez. 24:206 (diciembre 1951): 10-26.

___ "Descripción del marxismo". Trad. Aurora Bernárdez. 25:207-208 (enero-febrero 1952): 79-103.

___ "Juego y civilización". Trad. Enrique Pezzoni. 35:268 (enero-febrero 1961): 60-68.

___ "Soles inscritos". Trad. V. O. y E. P. 39:298-299 (enero-abril 1966): 27-38.

Camus, Albert. "Calígula". 15:137 (marzo 1946): 7-44.

___ "Desterrados en la peste". Trad. Lily Cardahi de Ibáñez. 16:147-149 (enero-marzo 1947): 211-221.

___ "Lluvias de Nueva York". Trad. Victoria Ocampo 20:182 (diciembre 1949): 12-15.

___ "Un hombre de letras". Trad. Aurora Bernárdez 24:205 (noviembre 1951): 1-10.

___ "El minotauro o el alto de Orán". Trad. Aurora Bernárdez. 25:211-212 (mayo-junio 1952): 25-41.

___ "El artista preso". Trad. Victoria Ocampo. 26:222 (mayo-junio 1953): 2-7.

___ "Los adoradores del hecho consumado". Trad. Adela Jiménez. 31:244 (enero-febrero 1957): 5-10.

___ "La mujer adúltera". Trad. José Bianco. 31:245 (marzo-abril 1957): 1-14. Se reimprime en 42:330-333 (enero-diciembre 1972): 41-55.

___ "Revés y derecho". Trad. Graziella Peyrou. 32:252 (mayo-junio 1958): 1-8. Se reimprime en 42:329 (julio-diciembre 1971): 231-239.

___ "Sobre *Las islas* de Juan Grenier". Trad. Victoria Ocampo. 33:258 (mayo-junio 1959): 25-28.

Crane, Hart. "Proemio al puente de Brooklyn". Trad. A. Bioy Casares y Jorge Luis Borges. 13:113-114 (marzo-abril 1944): 11-16.

Croce, Benedetto. "Al lector: Soliloquio". Trad. Fryda Schultz de Mantovani. 27:225 (noviembre-diciembre 1953): 1-8.

Cummings, e. e. "Poema en algún lugar que nunca recorrí". Trad. Adolfo Bioy Casares y J. L. Borges. 13:113 (marzo-abril 1944): 86-91.

Eliot. T. S. "Rapsodia de una noche ventosa". Trad. Julio Irazusta. 7:29 (febrero 1937): 43-46.

___ "Miércoles de ceniza". Versión de Ortiz de Montellano. 8:48 (sept. 1938): 20-29.

___ "¿Qué es un clásico?". Trad. E. L. Revol. 17:153-156 (julio-octubre 1947): 18-44.

___ "Las fronteras de la crítica". Trad. José Bianco. 32:251 (marzo-abril 1958): 4-17.

___ "Dante: El infierno". Trad. Sara Rubinstein. 38:297 (noviembre-diciembre 1965): 31-40.

Faulkner, William. "Septiembre ardido." 9:59 (agosto 1939):17-32.

Frank, Waldo. "El hombre íntegro". 15:143 (septiembre 1946): 7-22.

Forster, E. M. "*El troquel* de T. E. Lawrence". Trad. Enrique Pezzoni. 29:235 (julio-agosto 1955): 31-38.

Gandhi, Mahatma. "Carta al Director General de la UNESCO". Trad. Margarita V. de Robles. 22:190-191 (agosto-septiembre 1950): 13.

___ "Asamblea de las Naciones Unidas: Declaración Universal de Derechos del Hombre". 22:190-191 (agosto-septiembre 1950): 14-21.

___ "Sobre algunos artículos de la declaración universal". Trad. Eduardo Lozano. 22:190-191 (agosto-septiembre 1950): 22-43.

Gide, André. "Perséphone". Versión libre de J. L. Borges. 6:19 (abril 1936): 8-53.

___ "Shakespeare en francés". 8:50 (noviembre 1938): 7-16.

___ "Teseo". Trad. Patricio Canto. 16:147-149 (enero-marzo 1947): 7-58.

Gramsci, Antonio. "Cartas desde la cárcel". Trad. Mario Cueva. 27:225 (noviembre-diciembre 1953): 25-33.

Greene, Graham. "Francois Mauriac visto por un inglés". 14:129 (julio 1945): 100-105.

___ "El inocente". Trad. Leonor Acevedo. 17:153-156 (julio-octubre 1947): 302-307.

___ "Tareas especiales". Trad. J. R. Wilcock. 29:232 (enero-febrero 1955): 10-16.

___ "Una visita a Morín". Trad. Alicia Jurado. 36:276 (mayo-junio 1962): 1-14.

___ "La misión del escritor en la sociedad contemporánea". Trad. Miguel Alfredo Olivera. 37:280 (enero-febrero 1963): 1-4.

___ "El joven Dickens". Trad. Enrique Pezzoni. 40:319 (julio-agosto 1969): 10-17.

Hawthorne, Nathaniel. "Wakefield". Trad. José Bianco. 19:174 (abril 1949): 20-30. Reimpreso en 42:330-333 (enero-diciembre 1972): 143-151.

Hughes, Langston. "Tres poemas". Versiones de Jorge Luis Borges. 1:2 (otoño 1931): 164-169.

Huxley, Aldous. "Un capítulo de *Eyéless in Gaza*". Trad. Julio Irazusta. 7:29 (febrero 1937): 47-54.

___ "Un capítulo de *Eyeless in Gaza* (capítulo 10)". Trad. Julio Irazusta. 7:30 (marzo 1937): 28-48.

___ "Sobre Goya". 13:112 (febrero 1944): 7-22.

___ "El tiempo y la eternidad". Trad. C. A. Jorduna. 17:153-156 (julio-octubre 1947): 73-94.

___ "Shakespeare y la religión". Trad. Enrique Pezzoni. 37:289-290 (julio-octubre 1964): 18-27.

Joyce, James. "Una escena de *Desterrados*". Trad. A. Jiménez Fraud. 7:35 (agosto 1937): 68-86.

Jung, C. G. "La mente del hombre". Trad. Enrique Pezzoni. 31:246 (mayo-junio 1957): 3-8.

Kafka, Franz. "Fragmentos de Franz Kafka". Trad. Eduardo Mallea. 6:18 (marzo 1936): 20-28.

Kipling, Rudyard. "La iglesia que estaba en Antioquía". Trad. José Bianco. 26:221 (marzo-abril 1953): 1-20.

Malraux, André. "La ley del desierto". Trad. Ricardo Baeza. 16:147-149 (enero-marzo 1947): 90-108.

___ "Sobre la naturaleza de la creación pictórica". 22:192-194 (octubre-diciembre 1950): 42-37.

___ "Al margen de la psicología del arte". Trad. Aurora Bernárdez. 25:213-214 (julio-agosto 1952): 14-27.

___ "En memoria de Le Corbusier". Trad. Victoria Ocampo. 38:296 (septiembre-octubre 1965): 19-20.

___ "Antimemorias". Trad. Enrique Pezzoni. 39:302 (septiembre-octubre 1966): 6-24.

Mann, Thomas. "José y sus hermanos". 13:127 (mayo 1945): 7-22.

___ "Por qué no vuelvo a Alemania". 16:142 (agosto 1946): 7-17.

Merton, Thomas. "Carta a un espectador inocente". Trad. Virginia María Erhart. 33:256 (enero-febrero 1959): 36-40.

___ "La otra cara de la desesperación". Trad. María Raquel Bengolea. 39:300 (mayo-junio 1966): 29-46.

___ "Amor y necesidad". Trad. Enrique Pezzoni. 40:316-317 (enero-abril 1969): 38-46.

Milosz, Czeslaw. "La gran tentación". Trad. Antonio Miranda. 25:211-212 (mayo-junio 1952): 1-24.

Moore, Marianne. "En desconfianza de méritos". 13:113-114 (marzo-abril 1944): 78-85.

Moravia, Alberto. "La cortesanía fatigada". Trad. Attilio Dabini. 28:229 (julio-agosto 1954): 19-29.

Nabokov, Vladimir. "Escenas de la vida de un monstruo doble". Trad. Edgardo Cozarinsky. 35:271 (julio-agosto 1961): 42-49. Reimpreso en 42:330-333 (enero-diciembre 1972): 245-252.

Orwell, George. "James Burnham y la revolución de los directores". 15:145 (noviembre 1946): 7-37.

___ "Rudyard Kipling". Trad. B. R. Hopenhaym. 17:153-156 (julio-octubre 1947): 129-150.

___ "Raffles y Miss Blandish". Trad. B. R. Hopenhaym. 18:159 (enero 1948): 7-24.

___ "Reflexiones sobre Gandhi". Trad. Marta Acosta van Praet. 19:172 (febrero 1949): 13-24.

Piaget, Jean. "El derecho a la educación". Trad. Eduardo Lozano. 22:190-191 (agosto-septiembre 1950): 24-43.

Pinter, Harold. "El examen". Trad. María Raquel Bengolea. 37:281 (marzo-abril 1963): 32-41.

Porter, Katherine Anne. "El vino de mediodía". Trad. Marta Acosta. 13:113-114 (marzo-abril 1944): 136-201.

Pope, Alexander. "De Eloísa a Abelardo". Trad. Silvina Ocampo. 13:124 (febrero 1945): 58-74.

Pound, Ezra. "Dance Figure" (poema). Trad. Carlos Viola Soto, 36:274 (enero-febrero 1962): 31-32.

Robbe-Grillet, Alain. "Un camino para la novela futura". Trad. José Bianco. 34:266 (sept.-octubre 1960): 30-35.

Rougemont, Denis de. "La gloria". 9:59 (agosto 1939): 7-12.

___ "Nuevas metamorfosis de Tristán". Trad. José Bianco. 33:258 (mayo-junio 1959): 1-21.

Sartre, Jean Paul. "El aposento". Parte I 9:54 (marzo 1939): 20-34.

___ "El aposento". Parte II 9:55 (abril 1939): 38-51.

___ "El existencialismo es un humanismo". Trad. Victoria Prats de Fernández. 16:147-149 (enero-marzo 1947): 246-288.

___ "El arte de Nathalie Sarraute". Trad. Roberto Bixio. 37:291 (noviembre-diciembre 1964): 10-14.

Shakespeare, William. "Cuatro sonetos de Shakespeare". Trad. Manuel Mujica Lainez. 25: 207-208 (enero-febrero 1952): 74-78.

Shaw, Bernard. "Fascismo". 7:39 (diciembre 1937): 43-62.

Steinbeck, John. "Juanito el oso". 12:89 (febrero 1942): 35-58.

Stevens, Wallace. "Domingo por la mañana". Trad. A. Bioy Casares y Jorge Luis Borges. 13:113-114 (marzo-abril 1944): 98-111.

Supervielle, Jules. "Poemas". Versiones de Rafael Alberti. 6:23 (agosto 1936): 45-54.

___ "Un potentado de este mundo". 7:39 (diciembre 1937): 38-42.

___ "El minotauro". 9:54 (marzo 1939): 7-16.

___ "1940" (poema). Trad. Jorge Luis Borges. 10:75 (diciembre 1940): 48-51.

___ "Poemas". Trad. Alberto Girri. 24:203 (septiembre 1951): 1-5.

Svevo, Italo. "Alevosamente". Trad. Mario Cueva. 27:225 (noviembre-diciembre 1953): 61-69.

Tagore, Rabindranath. "El esqueleto" (poema). Trad. Alberto Girri. 33:259 (julio-agosto 1959): 23-24.

___ "Sobre la escuela del poeta". Selección y traducción de Victoria Ocampo. 35:270 (mayo-junio 1961): 53-56.

___ "El amaestramiento del oro". Trad. Victoria Ocampo. 42:330-333 (enero-diciembre 1972): 325-328.

Thomas, Dylan. "La mano que firmó el papel derribó una ciudad". Trad. E. L. Revol. 17: 153-156 (julio-octubre 1947): 470-471.

___ "La colina de los helechos". Trad. Félix della Paolera. 32:253 (julio-agosto 1958): 35-37.

___ "Manifiesto poético". Trad. Pedro J. Albertelli. 37:283 (julio-agosto 1963): 1-7.

Trilling, Lionel. "Del arte y la fortuna". Trad. Rosa L. Pascal y E. C. Villacaña. 22:189 (julio 1950): 10-31.

Welty, Eudora. "Lily Daw y las tres damas". Trad. Ricardo Baeza. 13:113-114 (marzo-abril 1944): 265-281.

Whitman, Walt. "Poemas". Trad. Ricardo Baeza. 13:113-114 (marzo-abril 1944): 11-16.

Woolf, Virginia. "Un cuarto propio". Trad. Jorge Luis Borges. 5:15 (diciembre 1935): 7-19; Capítulos 2 y 3 6:16 (enero 1936): 26-58; Conclusión 6:18 (marzo 1936): 46-81.

___ "Pasa el tiempo" (segunda parte de *Al faro*). 8:43 (abril 1938): 7-30.

___ "Reflexiones sobre la paz durante una incursión aérea". Trad. B. R. Hopenhaym. 17:153-156 (julio-octubre 1947): 66-72.

Bibliografía general

Abrams, M. H. *The Mirror and the Lamp*. New York, Oxford University Press, 1953.

Acosta Polo, Benigno. *La poesía de Guillermo Valencia*. Barranquilla, Colombia, 1965.

Alazraki, Jaime. *La prosa narrativa de Jorge Luis Borges*. 2a ed. aumentada. Madrid, Gredos, 1974.

___ y Andrew Wright. "Jane Austen Abroad." En John Halperin (ed.). *Jane Austen: Bicentennary Essays*. Cambridge, Cambridge University Press, 1975.

___ *Versiones, inversiones, reversiones*. Madrid, Gredos, 1977.

___ "Octavio Paz-Poetry as Coded Silence." *Kosmos*, 5-6: 1980: 126-155.

___ "Tres formas del ensayo contemporáneo: Borges, Paz, Cortázar." *Revista Iberoamericana*. 118-119 (enero-junio, 1982): 9-20.

Alegría, Fernando. *Walt Whitman en Hispanoamérica*. México, Studium, 1954.

Allison, Alexander et. al., (eds.). *The Norton Anthology of Poetry*. New York, W. W. Norton, 1975.

Avellaneda, Gertrudis Gómez de. *Obras literarias*. Madrid, Imprenta de Rivadeneyra, 1869. Vol. I.

Barthes, Roland. *Essais Critiques*. París, Seuil, 1964.

Bassnett-McGuire, Susan. *Translation Studies*. Londres, Methuen, 1980.

Basso, Eleanora. "La música en la obra de Cortázar." *Revista Iberoamericana*. 2 (1970): 51-60.

Baudelaire, Charles. *Ecrits sur l'art*. 2 vols. París, Gallimard, 1971.

Belitt, Ben. *Adam's Dream*. New York, Grove Press, 1978.

Bello, Andrés. *Poesías*. Madrid, Imprenta de Pérez Dubrull, 1882.

___ *Obras completas*. Caracas, Venezuela, Ministerio de Educación, 1956.

Benevento, Joseph. "What Borges Learned From Whitman: The Open Road and its Forking Paths." *Walt Whitman Quarterly Review*. 2:4 (Spring 1985): 21-30.

Benjamin, Walter. "The Task of the Translator." *Illuminations*. New York, Schocken Books, 1969.

Bishop, Elizabeth. *The Complete Poems*. New York, Farrar, Straus and Giroux, 1969.

___*The Complete Poems: 1927-1979*. New York, Farrar, Straus and Giroux, 1973.

Bly, Robert. *Leaping Poetry: An Idea with Poems and Translations*. Boston, Beacon Press, 1975.

Borges, Jorge Luis. "El *Ulises* de Joyce." *Proa*. 6 (enero 1925):8-9.

___*El idioma de los argentinos*. Buenos Aires, Gleizer, 1928.

___*Historia de la eternidad*. Buenos Aires, Emecé Editores, 1953.

___*Ficciones*. Buenos Aires, Emecé, 1956.

___*El Aleph*. Buenos Aires, Emecé, 1957.

___*Otras inquisiciones*. Buenos Aires, Emecé, 1960.

___*Discusión*. Buenos Aires, Emecé, 1964.

___ "Word-Music and Translation." Conferencias Charles Eliot Norton, Universidad de Harvard, Cambridge, Massachusetts, 1968.

___ *An Introduction to American Literature.* Escrito en colaboración con Esther Zemboráin de Torres. Trads. y eds. L. Clark Keating y Robert O. Evans. Lexington, Kentucky, University Press of Kentucky, 1971.

___ "An Autobiographical Essay." Norman Thomas di Giovanni (ed. y trad. en colaboración con el autor) *The Aleph and Other Stories.* New York, Dutton, 1978, pp. 203-260.

___ *Obra poética, 1923-1977.* 3a. edición. Buenos Aires, Alianza, 1981.

___ y Roberto Alifano, trads. "Dos fábulas de Robert Louis Stevenson." *Vuelta.* 76:7 (marzo, 1983): 4-5.

Bravo, María Elena. "Borges traductor: el caso de *The Wild Palms* de William Faulkner." *Insula* 40:462 (mayo 1985): 11-12.

Brooks, Peter. "Re-Imagined in English." Reseña de Paul Auster (ed.). *The Random House Book of Twentieth-Century French Poetry, New York Times Book Review,* enero 31, 1983: 9, 26.

Brower, Reuben, (ed.). *On Translation.* Cambridge, Harvard University Press, 1959.

___ *Mirror on Mirror: Translation, Imitation, Parody.* Cambridge, Harvard University Press, 1974.

Byron, Lord. *The Works of Lord Byron.* Vol. I. New York, Gilley, 1820.

Campos, Héctor y Sara Castro-Klarén. "Traducciones, tirajes, ventas y estrellas: el 'Boom.' " *Ideologies and Literature* 4:17 (septiembre-octubre 1983): 319-338.

Cardenal, Ernesto, trad. *Catulo-Marcial en versión de Ernesto Cardenal.* Barcelona, Laia, 1978.

Carilla, Emilio. *El romanticismo en América Hispánica.* 2a ed. Madrid, Gredos, 1967.

Chase, Cynthia. "Paragon, Parergon: Baudelaire Translates Rousseau." En Joseph F. Graham (ed.). *Difference in Translation*. Ithaca, Cornell University Press, 1985, pp. 63-80.

Christ, Ronald. *The Narrow Act: Borges' Art of Allusion*. New York, New York University Press, 1969.

Chukovsky, Kornei. *The Art of Translation: Kornei Chukovsky's "A High Art."* Trad. Lauren G. Leighton. Knoxville, The University of Tennessee Press, 1984.

Coll, Pedro Emilio. "Decadentismo y americanismo." En Ricardo Gullón (ed.). *El modernismo visto por los modernistas*. Barcelona, Guadarrama, 1980.

Colombí-Monguio, Alicia de. *Petrarquismo peruano: Diego Dávalos y Figueroa y la poesía de la "Miscelánea Austral."* Londres, Támesis, 1985.

___ "Teoría y práctica de la imitación renacentista: de Fray Luis a Lope de Vega." En A. David Kossoff (ed.). *Actas del octavo congreso de la Asociación Internacional de Hispanistas*. Madrid, Istmo, 1986.

Concha, Jaime. "*El Aleph*: Borges y la historia." *Revista Iberoamericana* 49:123-124 (abril-septiembre 1983): 471-485.

Cortínez, Carlos. "Otra lectura de 'Emerson' de Borges." *Revista Chilena Literatura* 19 (abril 1982):95-106.

Derrida, Jacques. "Des Tours de Babel." En Joseph F. Graham (ed.). *Difference in Translation*. Ithaca, Cornell University Press, 1985.

Eagleton, Terry. *Literary Theory: An Introduction*. Minneapolis, University of Minnesota Press, 1983.

Else, G. F. "Imitation." *Princeton Encyclopedia of Poetry and Poetics*. 1974, pp. 378-381.

Eshleman, Clayton. "Translating César Vallejo: An Evolution." *Tri-Quarterly* 13-14 (otoño-invierno 1968-69): 55-82.

Faulkner, William. *Las palmeras salvajes*. Trad. Jorge Luis Borges. Buenos Aires, 1940.

Ferré, Rosario. "Cortázar: sombras del simbolismo y del surrealismo." *Revista de Estudios Hispánicos* 21:2 (mayo 1987):101-110.

Filer, Malva E. "Palabra e imagen en la escritura de *Territorios*." *Revista Iberoamericana* 49:123-124 (abril-septiembre 1983):351-368.

Fish, Stanley. *Is There a Text in this Class? The Authority of Interpretive Communities*. Cambridge, Harvard University Press, 1980.

Forbes Gerhard, Sandra. *Don Quixote and the Shelton Translation*. Madrid, Studia Humanitatis, 1982.

Francescato, Martha Paley de. "Bibliography of Works By and About Julio Cortázar." *The Final Island*. Eds. Jaime Alazraki e Ivar Ivask. Norman, Oklahoma, University of Oklahoma Press, 1976, pp. 171-199.

García Prada, Carlos. *Guillermo Valencia. Poesías y discursos*. Madrid, Ediciones Iberoamericanas, 1959.

Garcilaso de la Vega, El Inca. Trad. *Diálogos de amor* de León Hebreo. En *Obras completas del Inca Garcilaso de la Vega*. Biblioteca de Autores Españoles. Madrid, Atlas, 1960.

Genette, Gerard. *Palimpsestes: La litterature au second degré*. París, Seuil, 1982.

Giovanni, Norman Thomas Di, Daniel Halpern, y Frank MacShane, eds. *Borges On Writing*. New York, E. P. Dutton, 1973.

___ "On Translating with Borges." *Encounter* 32:4 (Abril 1969): 22-24.

___ "At Work with Borges." *The Antioch Review* 30:3-4 (otoño-invierno 1970-71):290-298.

Graham, John. "The 'Caricature Value' of Parody and Fantasy in *Orlando*." En Claire Sprague (ed.). *Virginia Woolf: A Collection of Critical Essays*. New Jersey, Prentice-Hall, 1971, pp. 101-116.

188　　　　　　　　　　　　　　　　　　　FRANCES R. APARICIO

Graham, Joseph F. "Introduction." *Difference in Translation*. Ithaca, Cornell University Press, 1985.

Gutiérrez Nájera, Manuel. *Poesías*. París y México, Librería de la Viuda de Charles Bouret, 1916.

___*Poesías completas*. Francisco González Guerrero (ed.). México, Porrúa, 1953.

___*Crítica literaria*. Vol. I. *Obras*. México, Universidad Nacional Autónoma de México, 1959.

Henríquez Ureña, Max. *Breve historia del modernismo*. México, Fondo de Cultura Económica, 1954.

Heredia, José María. *Poesías líricas*. París, Garnier, 1893.

Hermans, Theo, (ed.). *The Manipulation of Literature: Studies in Literary Translation*. Australia, Croom Helm Ltd., 1985.

Hernández del Castillo, Ana. *Keats, Poe and the Shaping of Cortázar's Mythopoesis*. Amsterdam, J. Benjamins, 1981.

Hollander, John. "Versions, Interpretations, Performances." En Reuben Brower (ed.). *On Translation*. Cambridge, Harvard University Press, 1959.

Holmes, James, (ed.) *The Nature of Translation*. Bratislava, Checoslovaquia, Academia Eslava de las Ciencias, 1970.

Hugo, Victor. *Oeuvres Complètes de Victor Hugo*. París, Rencontre, 1968.

Jaen, Didier T. "Borges y Whitman." *Hispania*. 50:1 (marzo 1967): 49-53.

___ (ed. y trad.) *Homenaje a Walt Whitman/Homage to Walt Whitman*. University, Alabama, University of Alabama Press, 1969.

Jakfalvi-Leiva, Susana. *Traducción, escritura y violencia colonizadora: un estudio de la obra del Inca Garcilaso*. Syracuse, New York: Maxwell School of Citizenship and Public Affairs, 1984.

Johnson, Lee McKay. *The Metaphor of Painting: Essays on Baudelaire, Ruskin, Proust, and Pater*. Ann Arbor, Michigan, UMI Research Press, 1980.

Karsen, Sonja. *Guillermo Valencia, Colombian Poet*. New York, Hispanic Institute, 1951.

Keller, Gary. "The Literary Stratagems Available to the Bilingual Chicano Writer." *The Identification and Analysis of Chicano Literature*. Francisco Jiménez (ed). New York, The Bilingual Press, 1979, pp. 263-316.

Kelly, Louis. *The True Interpreter: A History of Translation Theory and Practice in the West*. New York, St. Martin's Press, 1979.

Lagos, Ramona. *Laberintos del espíritu, interjecciones del cuerpo*. Barcelona, Ediciones del Mall, 1986.

Langer, Suzanne K. *Problems of Art*. New York, Charles Scribner's Sons, 1957.

Levine, Suzanne Jill. "*Cien años de soledad* y la tradición de la biografía imaginaria." *Revista Iberoamericana*. 36:72 (julio-septiembre 1970):453-463.

Lewin, Boleslao. *Mariano Moreno: su ideología y su pasión*. Buenos Aires, Libera, 1971.

Lewis, Philip E. "The Measure of Translation Effects." *Difference in Translation*, 1985.

Lowell, Robert. *Imitations*. New York, Farrar, Straus and Gir'oux, 1959.

MacAdam, Alfred J. "Translation as Metaphor." En Donald Yates (ed.). *Fantasía y realismo mágico en Iberoamérica. Memoria del decimosexto Congreso del Instituto Internacional de Literatura Iberoamericana*. Michigan State University, Latin American Studies Center, 1975, pp. 281-285.

Mallarmé, Stéphane. *Poésies*. París: Librairie Gallimard, 24a edición, sin fecha.

Matthews, Jackson. "Third Thoughts on Translating Poetry." *On Translation*, 1959.

Matthiessen, F. O. "Only a Language Experiment." En Roy Harvey Pearce (ed.). *Whitman: A Collection of Critical Essays*. Englewood Cliffs, New Jersey, Prentice-Hall, 1962, pp. 70-79.

Mckeon, Richard. "Imitation and Poetry." *Thought, Action and Passion*. Chicago, The University of Chicago Press, 1954, pp. 102-221.

Meyer, Doris. *Victoria Ocampo: Against the Wind and the Tide*. New York, G. Braziller, 1979.

Moreno, Mariano, trad. *Contrato social* de Juan Jacobo Rousseau. *Mariano Moreno 1778-1978*. Buenos Aires, Banco de Boston, 1978.

Molloy, Sylvia, *Las letras de Borges*. Buenos Aires, Sudamericana, 1979.

Mounin, Georges. *Les problèmes théoriques de la traduction*. París, Gallimard, 1963.

Musset, Alfred de. *Poèsies Complètes*. Mónaco, Gallimard, 1962.

Nida, Eugene A. y Charles Taber. *The Theory and Practice of Translation*. Leiden, E. J. Brill, 1969.

Ocampo, Victoria. "Carta a Waldo Frank." *Sur* 1:1 (1931):7-18.

Olmedo, José Joaquín de. *Poesías completas*. México, Fondo de Cultura Económica, 1947.

Ortega y Gasset, José. "Miseria y esplendor de la traducción." 4a ed. *Obras completas*. Tomo V (1933-1941). Madrid, Revista de Occidente, 1958, pp. 431-452.

Paz, Octavio. *Traducción: literatura y literalidad*. Barcelona, Tusquets, 1971.

___*El arco y la lira*. 3a ed. México, Fondo de Cultura Económica, 1972.

___ "El caracol y la sirena." *Cuadrivio.* 3a ed. México, Joaquín Mortiz, 1972, pp. 11-65.

___ Jacques Roubaud, Edoardo Sanguineti y Charles Tomlinson. *Renga.* México, Joaquín Mortiz, 1972.

___ y Julián Ríos. *Solo a dos voces.* Barcelona, Lumen, 1973.

___ *Early Poems: 1935-1955.* Trads. Muriel Rukeyser et al. New York, New Directions, 1973.

___ *Los hijos del limo.* Barcelona, Seix Barral, 1974.

___ *El signo y el garabato.* 2a ed. México, Joaquín Mortiz, 1975.

___ "Elizabeth Bishop, or the Power of Reticence." *World Literature Today.* 51 (1977): 15-16. Reimpreso en español en *In/Mediaciones.* Barcelona, Seix-Barral, 1979, pp. 105-108.

___ *Versiones y diversiones.* 2a ed. México, Joaquín Mortiz, 1978.

Picón Garfield, Evelyn. *Cortázar por Cortázar.* Veracruz, Centro de Investigaciones Lingüístico-Literarias, Universidad Veracruzana, México, 1978.

Planells, Antonio. "Narración y música en 'Las ménades' de Julio Cortázar." *Explicación de textos literarios.* 2:2 (1974):95-99.

Plaza, Julio. "Reflection Of and On Theories of Translation." *Dispositio.* 6:17-18 (verano-otoño) 1981:45-91.

Poe, Edgar Allan. *Obras en prosa.* Trad., introducción y notas de Julio Cortázar. Ediciones de la Universidad de Puerto Rico. Madrid, Revista de Occidente, 1956.

Poggioli, Renato. "The Added Artificer." *On Translation*, 1959.

Pope, Alexander. *Essay on Man.* New York, Clark, Austin and Smith, 1824.

Popescu, Oreste. *Un tratado de economía política en Santafé de Bogotá en 1810: el enigma de fray Diego Padilla.* Bogotá, 1968.

Read, Herbert. *A Concise History of Modern Painting*. New York, Oxford University Press, 1974.

Reyes, Alfonso. *Cuestiones estéticas*. París, Librería Paul Ollendorff, 1911.

___*La experiencia literaria*. Buenos Aires, Losada, 1942.

___*El deslinde*. México, El Colegio de México, 1944.

___*Mallarmé entre nosotros*. México, Tezontle, 1955.

Rosenblat, María. "La nostalgia de la unidad en el cuento fantástico: 'The Fall of the House of Usher' y 'Casa tomada'." En Fernando Burgos (ed.). *Los ochenta mundos de Cortázar: ensayos*. Madrid, ED1-6, 1987.

Seleskovitch, D. "Interpretation, A Psychological Approach to Translating." En Richard W. Brislin (ed.). *Translation: Applications and Research*. New York, Gardner Press, 1976, pp. 92-116.

Sorrentino, Fernando. *Siete conversaciones con Jorge Luis Borges*. Buenos Aires, Casa Pardo, 1973.

Stabb, Martin S. "Not Text but Texture: Cortázar and the New Essay." *Hispanic Review* 52:1 (invierno 1984):19-40.

Steiner, George. *Extra-Territorial*. New York, Atheneum, 1971.

___*After Babel*. New York, Oxford University Press, 1975.

Steiner, Wendy. *The Colors of Rhetoric: Problems in the Relation between Modern Literature and Painting*. Chicago, The University of Chicago Press, 1982.

Sucre, Guillermo. *Borges, el poeta*. México, Universidad Nacional Autónoma de México, 1967.

Torres, Hernán (ed.). *Estudios: edición en homenaje a Guillermo Valencia 1873-1973*. Cali, Colombia, Carvajal y Compañía, 1976.

Toussaint, Franz. *La Flûte de Jade*. París, L'Edition D'Art H. Piazza, 1920.

Trueblood, Alan. "Wilde y Valencia: 'La balada de la cárcel de Reading'." *Estudios*, 1976.

Urrutia, Antonio. "Los territorios plásticos de Julio Cortázar." *Cuadernos Hispanoamericanos* 364-66 (octubre-diciembre 1980):618-623.

Valencia, Gerardo. "La creación poética en *Catay*." *Estudios,* 1976.

Valencia, Guillermo. *Obras poéticas completas*. Madrid, Aguilar, 1948.

Whitman, Walt. *Hojas de hierba*. Trad. Jorge Luis Borges. Buenos Aires, Juárez Editor, 1969.

___*The Complete Poems*. Francis Murphy (ed.). Baltimore, Maryland, Penguin Books, 1975.

Williams, William Carlos. *The Desert Music and Other Poems*. New York, Random House, 1954.

Wood, Michael. "Beautiful and Damned." *The New York Review of Books* 29:19 (2 de diciembre 1982): 16-20.

Woolf, Virginia. *Orlando: A Biography*. New York, Harcourt, Brace and Co., 1928.

___*Orlando*. Trad. Jorge Luis Borges. 4a ed. Buenos Aires, Sudamericana, 1951.

INDICE